ADOLF KAEGI

REPETITIONSTABELLEN

ZUR KURZGEFASSTEN
GRIECHISCHEN SCHULGRAMMATIK

2022

WEIDMANN

Das Werk ist urheberrechtlich geschützt. Jede Verwertung
außerhalb der engen Grenzen des Urheberrechtsgesetzes ist
ohne Zustimmung des Verlages unzulässig und strafbar.
Das gilt insbesondere für Vervielfältigungen, Übersetzungen,
Mikroverfilmungen und die Einspeicherung
und Verarbeitung in elektronischen Systemen.

*

Die Deutsche Nationalbibliothek verzeichnet diese Publikation in
der Deutschen Nationalbibliografie; detaillierte bibliografische
Daten sind im Internet über http://dnb.d-nb.de abrufbar.

ISO 9706
Unveränderte Neuauflage
© Weidmannsche Verlagsbuchhandlung GmbH, Hildesheim 2022
www.olms.de
Alle Rechte vorbehalten
Printed in Germany
Gedruckt auf säurefreiem, alterungsbeständigem Papier
Herstellung: Hubert & Co. GmbH & Co. KG BuchPartner, Göttingen
ISBN 978-3-615-70200-2

VORWORT

Kaegis „Repetitionstabellen" sind schon wegen ihrer unübertrefflichen äußeren Form immer als ein kleines Meisterstück bewundert worden. Daher bin ich gern der Aufforderung nachgekommen, sie neu herauszugeben.
Rahmen und Kern des Büchleins brauchten nicht geändert zu werden. In den Einzelheiten wird der Fachmann überall leicht die bessernde Hand erkennen, vor allem im zweiten Teil, den ich meiner Bearbeitung der „Kurzgefaßten griechischen Schulgrammatik" angleichen mußte.
Der Versuchung, in den Verbtabellen und ihren syntaktischen Zusätzen Streichungen vorzunehmen, glaubte ich widerstehen zu sollen: einmal aus Pietät gegenüber dem Verfasser, sodann weil ich in dem modernen Streben nach einer „Schwundgrammatik" eine bedauerliche Verirrung sehe. Der Lehrer muß die Möglichkeit behalten, das ihm wichtig Erscheinende auszuwählen und anstreichen zu lassen. Beim Lernen der Stammformenreihen wird man sich praktischerweise auf die Folge παιδεύω — παιδεύσω — ἐπαίδευσα — πεπαίδευκα — πεπαίδευμαι — ἐπαιδεύθην beschränken.

Frankfurt a. M., im Dezember 1950

Eduard Bornemann

Repetitionstabellen (ἄγαμαι — αἴρω)

Präsentia	Futura	Aoriste	Perfekta (Nomina)	Syntaktisches
ἄγαμαι bewundere, wundere mich, D.P.	ἀγάσομαι	ἠγάσθην	— / ἀγαστός	ἄγαμαι: τι, τινά τινος — ὅτι od. part. μῦθον — Γοργίαν τῆς σοφίας — σοῦ, ὅτι προεῖλου — σοῦ προελομένου.
ἄγω führe; intr. ziehe Med. führe für mich Pass. werde geführt	ἄξω / ἄξομαι / ἀχθήσομαι	ἤγαγον / ἠγαγόμην / ἤχθην	ἦχα / ἦγμαι / ἀκτός	ἀγανακτέω bin unwillig: τι — τινί, τοῦτο — τῷ ἐρωτήματι, o. part. ἀπεστερημένος.
ἀν-άγομαι segle ab κατ-άγομαι lande	ἀν-άξομαι / κατ-άξομαι	ἀν-ηγαγόμην / κατ-ηγαγόμην	ἀν-ῆγμαι / κατ-ῆγμαι	ἀγγέλλω: Κῦρον ἐπιστρατεύοντα od. ὅτι ἐπιστρατεύει (Tatsache), od. Κῦρον ἐπιστρατεύειν (Gerücht).
ᾄδω singe Pass.	ᾄσομαι / ᾀσθήσομαι	ᾖσα / ᾔσθην	— / τὸ ᾆσμα	παραγγέλλω befehle: τῷ Κλεάρχῳ. ἀδικέω tue unrecht: οὓς ἥκιστα ἔδει. ἀδικεῖτε πολέμου ἄρχοντες.
αἰδέομαι scheue mich, D.P.	αἰδέσομαι	ᾐδέσθην	ᾔδεσμαι	αἰδοῦμαι: τοὺς πρεσβυτέρους, οὐκ αἰδεῖται κακὸς εἶναι.
αἰνέω lobe, gew. ἐπ- Pass. παρ-αινέω rede zu, ermuntere Pass.	ἐπ-αινέσομαι / ἐπ-αινεθήσομαι / παρ-αινέσω / παρ-αινεθήσομαι	ἐπ-ῄνεσα / ἐπ-ῃνέθην / παρ-ῄνεσα / παρ-ῃνέθην	ἐπ-ῄνεκα / ἐπ-ῄνημαι / παρ-ῄνεκα / παρ-ῄνημαι	ἐπαινῶ: ὑμᾶς τῶν λόγων — ὑμᾶς, ἐφ' οἷς λέγετε. παραινῶ: ὑμῖν μὴ ἀναχωρεῖν.
αἱρέω nehme Med. n. für mich wähle Pass. (zum Akt. u. Med.)	αἱρήσω / αἱρήσομαι / αἱρεθήσομαι	εἷλον / εἱλόμην / ᾑρέθην	ᾕρηκα / ᾕρημαι / αἱρετός / ἡ αἵρεσις	αἱρῶ: πόλιν — αὐτὸν κλοπῆς od. αὐτὸν κλέπτοντα. Pass. ἁλίσκομαι: κλοπῆς od. κλέπτων. αἱροῦμαι: Κίμωνα στρατηγόν (pass.?!) ἀφαιροῦμαι: τοὺς ἄλλους χρήματα od. τῶν ἄλλων χρήματα.
αἴρω hebe; intr. breche auf Med. hebe für mich Pass. werde gehoben	ἀρῶ, -εῖς / ἀροῦμαι, -ῇ / ἀρθήσομαι	ἦρα, ἄρω / ἠράμην, ἄρωμαι / ἤρθην	ἦρκα / ἦρμαι	προαιροῦμαι: τὰ σώσοντα τῶν ἡδίστων.

Repetitionstabellen (αἰσθάνομαι — ἁμαρτάνω) 5

αἰσθάνομαι empfinde, nehme wahr (τινός)	αἰσθήσομαι	ᾐσθόμην		ᾔσθημαι αἰσθητός ἡ αἴσθησις	αἰσθάνομαι konstr. wie ἀκούω: τι, τινός und τινός τι, c. gen. et acc. part., c. inf. αἰσχύνομαι: θεοὺς καὶ ἀνθρ. λέγων (ὅτι, εἰ λέγω) sage mit Sch. λέγων verear dicere. μὴ οὐ συσπουδάζειν nicht zu —. αἰτέω: Κῦρον μισθόν — διδόναι ἡγεμόνα.
αἰσχύνω beschäme (τινά) αἰσχύνομαι schäme mich (vor jem. τινά)	αἰσχυνῶ, -εῖς αἰσχυνοῦμαι, -ῇ	ᾔσχυνα ᾐσχύνθην		ἡ αἰσχύνη	αἰτιῶμαι: αὐτὸν ἀσεβείας, od. αὐτὸν ὅτι ἀσεβεῖ. ἀκούσεσθε ἐμοῦ τὴν ἀλήθειαν.
αἰτιάομαι beschuldige (τινά τινος). Pass.	αἰτιάσομαι αἰτιαθήσομαι	ᾐτιασάμην ᾐτιάθην		ᾐτίαμαι	ἀκούω τὸν θόρυβον höre den Lärm, τοῦ θορύβου höre, achte auf d. L. ἀκούω σοῦ λέγοντος ich selbst höre dich sagen.
ἀκούω höre (τινός τι)	ἀκούσομαι ἀκουσθήσομαι	ἤκουσα ἠκούσθην		ἀκήκοα (ἠκηκόειν) ἤκουσμαι ἀκουστός	σὲ λέγοντα od. } daß du sagst ὅτι λέγεις } (Tatsache) σὲ λέγειν daß du sagst (Gerücht).
ἁλίσκομαι werde gefangen (Impf. ἡλισκόμην)	ἁλώσομαι	ἑάλων, ἁλῶναι		ἑάλωκα αἰχμάλωτος	ἁλίσκομαι: κλοπῆς od. κλέπτων, s. αἱρέω.
ἀλλάττω ändere Med. tausche mir aus Pass. (zum Akt. u. Med.) ἀλλάττομαι, D.P. in Komp. (ἀπ-, δι-, κατ-, συν-)	ἀλλάξω ἀλλάξομαι ἀλλαγήσομαι -αλλάξομαι -αλλαγήσομαι	ἤλλαξα ἠλλαξάμην ἠλλάγην -ηλλάγην		ἤλλαχα } ἤλλαγμαι -ήλλαγμαι	ἀπ-αλλάττω: tr. mache los: οἱ δεσμῶν. intr. komme los: ἀπὸ δεσμῶν. ἀπαλλάττομαι befreie mich, werde frei. intr. entferne mich: πόλεως.
ἅλλομαι springe	ἁλοῦμαι, -ῇ	ἡλόμην, ἁλέσθαι ἡλάμην, ἅλασθαι		— τὸ ἅλμα	ἁμαρτάνω: μέγιστα εἰς, περὶ ὑμᾶς. verfehle: σκοποῦ, οὐδεὶς ἡμάρτανεν ἀνδρός.
ἁμαρτάνω verfehle (τινός), sündige (τι). Pass.	ἁμαρτήσομαι ἁμαρτηθήσομαι	ἥμαρτον ἡμαρτήθην		ἡμάρτηκα ἡμάρτημαι τὸ ἁμάρτημα	verliere: τῆς Βοιωτίας, ἰσθλῆς γυναικός. tue unrecht τι: ἁμαρτάνετε διώκοντες.

Repetitionstabellen (ἁμιλλάομαι — ἀπεχθάνομαι)

Präsentia	Futura	Aoriste	Perfekta (Nomina)	Syntaktisches
ἁμιλλάομαι wetteifere	ἁμιλλήσομαι	ἡμιλλήθην	ἡμίλλημαι	
ἀμύνω wehre ab (τινί) ἀμύνομαι verteidige mich (gegen, τινά)	ἀμυνῶ, -εῖς ἀμυνοῦμαι, -ῇ	ἤμυνα ἠμυνάμην	— —	ἀμύνω wehre ab: παισὶν ὄλεθρον, helfe (abwehrend): νόμῳ. ἀμύνομαι: τὸν ἐπιόντα πολέμιον.
ἀναγκάζω zwinge, kein Kompositum, regelm.				ἀναγκάζω (Aegans. πεῖθω): συμπορεύεσθαι.
ἀναλίσκω } verwende, ἀναλόω } verzehr. Pass.	ἀναλώσω ἀναλωθήσομαι	ἀνήλωσα ἀνηλώθην	ἀνήλωκα ἀνήλωμαι	
ἀνιάω betrübe, regelm. ἀνιάομαι betr. mich, D.P.	ἀνιάσω ἀνιάσομαι	ἠνίασα ἠνιάθην	ἠνίακα ἠνίαμαι	ἀνιᾷς με τὰς φρένας γελῶν. ἀνιῶμαι: τοῦτο — (ἐπί) ταῖς τῶν ἄλλων εὐπραξίαις — ἐχθρῷ παρόντι.
ἀν-οίγω s. οἴγω.				
ἀνύω u. ἀνύττω vollende (ἀνύω, ἀνύττω)	ἀνύσω ἀνυσθήσομαι	ἤνυσα ἠνύσθην	ἤνυκα ἤνυσμαι ἀνυστός	ἀξιόω würdige (ἄξιός τινος): ἑμαυτὸν τῶν καλλίστων — ἠξίου οἱ δοθῆναι τὰς πόλεις.
ἀπ-αγορεύω versage (siehe λέγω)	ἀπ-ερῶ, -ερεῖς	ἀπ-εῖπον	ἀπ-είρηκα ἀπόρρητος verboten	ἀπαγορεύω versage, d. h. verbiete: ὑμῖν μὴ ἀπιέναι, od. werde müde: βαδίζων καὶ τρέχων.
ἀπ-αντάω begegne	ἀπ-αντήσομαι	ἀπ-ήντησα	ἀπ-ήντηκα	
ἀπατάω betrüge ἀπειλέω drohe, ἀπιστέω mißtraue, ἀπορέω bin ratlos sind keine Komposita				ἀπορῶ habe Mangel: τῶν ἐπιτηδείων, bin verlegen über: τῷ πράγματι (τοῦτο). ungewiß: ὅποι τράπωμαι — ὅ,τι δεῖ ποιεῖν. nicht imstande: κρῖναι — οὐκ ἀπορῶ πολλὰ λέγειν.
ἀπ-εχθάνομαι werde verhaßt	ἀπ-εχθήσομαι	ἀπ-ηχθόμην	ἀπ-ήχθημαι	

Repetitionstabellen (ἀπολαύω — αὐλίζομαι)

	ἀπο-λαύσομαι	ἀπ-έλαυσα	ἀπο-λέλαυκα	ἀπο-λαύω: τῶν ἐμῶν κτημάτων.
ἀπο-λαύω genieße (τινός)				
ἀπο-λογέομαι verteidige mich	ἀπο-λογήσομαι	ἀπ-ελογησάμην	ἀπο-λελόγημαι	
ἅπτω hefte; zünde an (τι) Pass. ἅπτομαι berühre, fasse an (τινός)	ἅψω ἁφθήσομαι ἅψομαι	ἧψα, ἅψαι ἥφθην ἡψάμην	ἧμμαι ἧμμαι	ἅπτω hefte, binde: βρόχον. zünde an: λύχνον, νεών, ἱερά. ἅπτομαι: ἁανόντων οὐδὲν ἅλγος ἅπτεται.
ἀρέσκω gefalle; befriedige	ἀρέσω	ἤρεσα	— ἀρεστός	ἀρέσκω: ἅρεσκε μὴ σαυτῷ μόνῳ. Pass. bin befriedigt, finde Gefallen: τοῖς σοῖς λόγοις.
ἀρκέω genüge, helfe	ἀρκέσω	ἤρκεσα	—	ἀρκῶ: ἀρκεῖ ἡμῖν μέτριος βίος. helfe, wehre ab: ξένοις ὁλεθρον. es genügt, daß ich: ἀρκῶ πράττων ταῦτα.
ἁρμόττω füge	ἁρμόσω ἁρμοσθήσομαι	ἥρμοσα ἡρμόσθην	ἥρμοκα ἥρμοσμαι ἁρμοστός	
ἀρνέομαι leugne, D. P.	ἀρνήσομαι	ἠρνήθην	ἤρνημαι	ἀρνοῦμαι: τὸ πρᾶγμα, ὡς οὐ δέδρακα, od. οὐκ ἀρνοῦμαι } μὴ οὐ δεδρακέναι. τίς ἀρνεῖται
ἁρπάζω raube, raffe hinweg	ἁρπάσομαι ἁρπασθήσομαι	ἥρπασα ἡρπάσθην	ἥρπακα ἥρπασμαι	
ἄρχω herrsche; fange an Med. fange an (τινός) Pass. werde beherrscht	ἄρξω ἄρξομαι ἄρξομαι	ἦρξα, ἄρξαι ἠρξάμην ἤρχθην	ἦρχα ἦργμαι ἀρκτός regiert ἀρκτέος regendus u. incipiendus	ἄρχω regiere: τῶν Περσῶν — (pass.?!) ἄρχω beginne: τοῦ λόγου (andere setzen fort); λέγειν rede als erster. ἄρχομαι beg.: τοῦ λόγου (meine R., ich setze fort). ἀπὸ τῶν θεῶν παντὸς ἔργου. ἄρχομαι λέγων bin am Anfang der R. λέγειν schicke mich an zu reden.
αὐλίζομαι übernachte, lagere	αὐλιοῦμαι	ηὐλισάμην und ηὐλίσθην	ηὔλισμαι	

Repetitionstabellen (αὐξάνω — γεύω)

Präsentia	Futura	Aoriste	Perfekta (Nomina)	Syntaktisches
αὔξω, αὐξάνω vermehre, Pass. werde vermehrt, **nehme zu**	αὐξήσω αὐξήσομαι	ηὔξησα ηὐξήθην	ηὔξηκα ηὔξημαι	ἄχθομαι: τοῖς γεγενημένοις — τοῖς πρέσβεσιν zürne den G., ὅτι ἁμαρτάνει daß er —, μανθάνων lerne ungern.
ἄχθομαι ärgere mich	ἀχθέσομαι	ἠχθέσθην	—	
βαδίζω schreite	βαδιοῦμαι, -ῇ	ἐβάδισα	βεβάδικα	
βαίνω gehe, schreite	βήσομαι	ἔβην	βέβηκα βατός	ἀναβαίνω ἐπὶ τὸν ἵππον besteige d. Pf. διαβαίνω τὸν ποταμόν durchschr. d. Fl.
βάλλω werfe Med. werfe für mich Pass. werde geworfen	βαλῶ, εἶς βαλοῦμαι, -ῇ βληθήσομαι	ἔβαλον ἐβαλόμην ἐβλήθην	βέβληκα, βλητός βέβλημαι βέβλημαι Fut. ex. βεβλήσομαι	ἐκβάλλω vertreibe; Pass. ἐκπίπτω. ὑπερβάλλω überschreite: τὰ τείχη. übertreffe: προγόνους εὐκλεία.
βιάζομαι zwinge, D. M. Pass. werde gezwungen	βιάσομαι βιασθήσομαι	ἐβιασάμην ἐβιάσθην	βεβίασμαι βεβίασμαι	βιάζομαι τὸν ἔκπλουν erzwinge d. A. βιάζομαι τάδε werde dazu gezw.
βιβάζω mache gehen	βιβῶ, -ᾷς	ἐβίβασα	—	
βλάπτω schade (τινά)	βλάψω βλαβήσομαι	ἔβλαψα ἐβλάβην	βέβλαφα βέβλαμμαι	βλάπτει τὸν ἄνδρα θυμὸς εἰς ὀργὴν πεσών.
βοάω rufe	βοήσομαι	ἐβόησα	βεβόηκα	βοηθέω: Κόνωνι δώδεκα ναυσίν.
βούλομαι will, D. P.	βουλήσομαι	ἐβουλήθην	βεβούλημαι	βούλομαι: εἰδέναι, ὅ,τι σοι δοκεῖ.
γαμέω heirate, v. Mann Med. von der Frau, nubo	γαμῶ, -εῖς γαμοῦμαι, -ῇ	ἔγημα ἐγημάμην	γεγάμηκα γεγάμημαι	γαμῶ: γυναῖκα. γαμοῦμαι: ἀνδρί.
γελάω lache Pass.	γελάσομαι γελασθήσομαι	ἐγέλασα ἐγελάσθην	γεγέλακα γεγέλασμαι καταγέλαστος	γελάω: intr. (ἐπί) τινι über — tr. θνητὸς πεφυκὼς μὴ γέλα τεθνηκότα.
γεύω lasse kosten, gew. γεύομαι koste, genieße	γεύσομαι	ἐγευσάμην	γέγευμαι	γεύομαι: σίτου, πόνων μυρίων.

γηράσκω, γηράω altere	γηράσομαι	ἐγήρασα	γεγήρακα bin alt ἀγήρατος nie alternd	γίγνεται mit (Akk. u.) Inf.: *fit ut* διαγίγνομαι: μανθάνων. παραγίγνομαι: εἰς Σάρδεις.
γίγνομαι werde, entstehe	γενήσομαι	ἐγενόμην auch Aor. zu εἰμί	γεγένημαι γέγονα auch Pf. zu εἰμί	περιγίγνομαι überlebe: τοῦ πάθους, bin überlegen: τῶν ἄλλων ῥώμῃ.
γιγνώσκω erkenne, beschließe. Pass.	γνώσομαι γνωσθήσομαι	ἔγνων ἐγνώσθην	ἔγνωκα ἔγνωσμαι γνωστός bekannt γνωστός erkennbar	γιγνώσκω erkenne, daß etw. int: ὅτι od. Part., ὅτι θνητός εἰμι od. θνητὸς ὤν, ὅτι θνητός εἶ od. σὺ θνητὸν ὄντα. beschließe, mit Inf.: μὴ μάχεσθαι. ἀπογιγνώσκω spreche frei: ὑμῶν προδοσίαν. verzweifle an, stehe ab von: μάχης, od. τοῦ μάχεσθαι. καταγιγνώσκω τινός τι erkenne gegen jem. auf etwas, beschuldige: ὑμῶν δειλίαν. verurteile: τούτου φόνον. πολλῶν κατέγνωσαν θάνατον μηδιασμοῦ. πολλῶν κατεγνώσθη θάνατος μηδιασμοῦ. συγγιγνώσκω verzeihe: σύγγνωθί μοι τὴν ἁμαρτίαν.
γράφω schreibe Med. schreibe mir; klage an Pass.	γράψω γράψομαι γραφήσομαι	ἔγραψα ἐγραψάμην ἐγράφην	γέγραφα γέγραμμαι	γράφομαι klage an: Σωκράτη ἀσεβείας, od. ὅτι ἀσεβεῖ, od. ὡς ἀσεβοῦντα.
δει-, δί- fürchte	δείσομαι	ἔδεισα bekam Furcht	δέδοικα δέδια	δέδοικα: μὴ ἐπιλαθώμεθα, *ne obl.* (οὐ) δέδοικα, μὴ οὐκ ἔχω, *ne non hab.* δέδοικα διαλέγεσθαι, *vereor colloqui.*
δείκνυμι zeige Med. zeige von mir aus Pass.	δείξω δείξομαι δειχθήσομαι	ἔδειξα ἐδειξάμην ἐδείχθην	δέδειχα — δέδειγμαι	δείκνυμι: ἐμαυτὸν ἀγαθὸν ὄντα, od. ὅτι ἀγαθός εἰμι. δείκνυμαι ἀγαθὸς ὤν.
δέχομαι nehme auf, D.M.	δέξομαι	ἐδεξάμην	δέδεγμαι	

Präsentia	Futura	Aoriste	Perfekta (Nomina)	Syntaktisches
δέω binde Med. binde für mich Pass.	δήσω δήσομαι δεθήσομαι	ἔδησα ἐδησάμην ἐδέθην	δέδεκα — δέδεμαι δετός – ὁ δεσμός	δέω πολλοῦ εἶπαι bin weit entfernt zu. ὀλίγου ἐδέησα εἰπεῖν fast hätte ich ges.
δέω fehle, ermangle δεῖ unpers.: man muß δέομαι bedarf (τινός), bitte (τινός τι)	δεήσω δεήσει δεήσομαι	ἐδέησα ἐδέησε(ν) ἐδεήθην	δεδέηκα δεδέηκε(ν) δεδέημαι	δεῖ μοι: πολλῆς φροντίσεως. ἔδει (drei Bed.!) und ἔδει ἄν. δέομαι bedarf: τῆς ὑμετέρας βοηθείας. bitte: ὑμῶν ταῦτα εὐχὴ darum, ὑμῶν μὴ ἀπιέναι. aber Κῦρον ᾔτησαν μισθόν.
διδάσκω lehre Med. lehre mich; lasse (mich) lehren Pass.	διδάξω διδάξομαι διδαχθήσομαι	ἐδίδαξα ἐδιδαξάμην ἐδιδάχθην	δεδίδαχα δεδίδαγμαι διδαχτή, διδακτός	
(ἀπο-)διδράσκω entlaufe	ἀπο-δράσομαι	ἀπ-έδραν	ἀπο-δέδρακα	
δίδωμι gebe Med. gebe von mir aus; für mich Pass.	δώσω δώσομαι δοθήσομαι	ἔδωκα, ἔδομεν ἐδόμην ἐδόθην	δέδωκα }δέδομαι δοτός – ἡ δόσις δῶρον – δωρειά	δίδωμι: δός μοι σῴζειν τοὺς Ἕλληνας. μεταδίδωμι: μετέδοσαν ἀλλήλοις, ὧν εἶχον ἕκαστοι.
διώκω folge, verfolge	διώξομαι διωχθήσομαι	ἐδίωξα ἐδιώχθην	δεδίωχα δεδίωγμαι	
δοκέω scheine; glaube δοκεῖ es scheint gut, *videtur*	δόξω δόξει	ἔδοξα ἔδοξε(ν)	δέδοκται ist beschlossen ἡ δόξα τὸ δόγμα	δοκῶ scheine: χρήσιμοι ἐδόκουν εἶναι. meine, glaube: βασιλέα ἀπιέναι (nicht ὅτι!). δοκεῖ: δόξαν ταῦτα – (ὡς) ἐμοὶ δοκεῖν.

Repetitionstabellen (δύναμαι — εἰμί)

δύναμαι kann, vermag	δυνήσομαι	ἐδυνήθην / ἐδυνάσθην	δεδύνημαι	δύναμαι (δυνατόν ἐστιν): εὑρεῖν. πόλις δυνατή ἀρίστη γενέσθαι. ὁδός δυνατή πορεύεσθαι.
δυστυχέω bin unglückl.	δυστυχήσω	ἐδυστύχησα	δεδυστύχηκα	
δύω hülle ein, senke, trans. Pass.	δύσω	ἔδυσα	—	καταδύω: ναῦν αὑτοῖς ἀνδράσιν.
	δῦθήσομαι	ἐδύθην	δέδυμαι	δύεται ἥλιος — καταδύεται ἡ ναῦς.
δύομαι hülle mich ein, sinke, u. δύνω, intr.	δύσομαι	ἔδυν	δέδυκα	ἐν(ἀπο)δύομαι ziehe mir an (aus): στολήν.
ἐάω lasse zu, gestatte (Impf. εἴων) Pass.	ἐάσω	εἴασα	εἴακα	ἐῶ: οὐκ εἴων ἀδικεῖν, νεώκορι —.
	ἐάσομαι	εἰάθην	εἴαμαι	
ἐγείρω wecke Pass.	ἐγερῶ, -εῖς	ἤγειρα	—	
	ἐγερθήσομαι	ἠγέρθην wurde geweckt	—	
ἐγείρομαι erwache	ἐγεροῦμαι, -ῇ	ἠγρόμην erwachte	ἐγρήγορα bin wach Plqpf. ἐγρηγόρειν	
ἐθέλω, θέλω will	ἐθελήσω, θελήσω	ἠθέλησα / ἐθέλησα	ἠθέληκα	ἐθέλω: ἀνὴρ ἀγαθός γενέσθαι. οὐκ ἐθέλω στράυβε mich: εἰσιέναι.
ἐθίζω gewöhne (Impf. εἴθιζον) Pass.	ἐθιῶ, -εῖς	εἴθισα	εἴθικα	ἐθίζω: ἐκ νέου τὴν ψυχὴν σωφρονεῖν.
	ἐθισθήσομαι	εἰθίσθην	εἴθισμαι, εἰθίσειν bin, war gew.	Pass.: οἶα εἰθίσθε ἀκούειν.
εἴκω weiche	εἴξω	εἶξα		εἴκω: τοῖς γέρουσι τῆς ὁδοῦ.
εἴκω bin ähnlich, gleiche	—	—	ἔοικα gleiche Plqpf. ἐῴκειν ἐοικώς ähnlich εἰκός natürl, billig	ἔοικα gleiche: φιλοσόφῳ, μεθύοντι. εἰκός Ἕλληνας βαρβάρων ἄρχειν. εἴναι: ἀνδρὸς σοφοῦ (doch ἐμόν) ἐστιν. ἐστί μοι ὄνομα Ἀγάθων (Gaio), ὄνομά μοι ἔθεσαν Ἀγάθωνα.
εἰμί, εἰ, ἐστίν usw. bin ἦν, ἦσθα, ἦν usw. ὦ, ᾖς, ᾖ — εἴην, εἴης — ἴσθι, ἔστω — εἶναι — ὤν	ἔσομαι, ἔσται	—	γεγένημαι (vgl. γίγνομαι) γέγονα	ἔξην — δίκαιον ἦν — ἀπιπτόν ἦν. ἔξεστι — τό νῦν εἶναι — ἔξόν, παρόν. περίειμι (περιεῖναι) übertreffe: ἄλλων πολὺ ἀρετῇ.

Repetitionstabellen (εἰμι — ἐξετάζω)

Präsentia	Futurum	Aorist	Perfekta (Nomina)	Syntaktisches
εἰμι, εἰ, εἰσιν usw. werde gehen ᾖα, ᾖεις, ᾖει, ᾖμεν, ᾖτε, ᾖσαν ἴω, ἴῃς — ἴοιμι, ἴοις ἴθι, ἴτω — ἰέναι — ἰών	εἶμι	(vgl. ἔρχομαι)	ἰτός — ἰτέον	
εἴργω dränge, schließe Pass. (Nbf. εἴργνυω, ἔργνυω, εἰργνυμι)	εἴρξω, εἴρξω εἴρξομαι	εἶρξα εἴρχθην	— εἶργμαι	εἴργω halte fern: τὴν ψυχὴν ἐπιθυμιῶν. ὁ φόβος τὸν νοῦν ἀπείργει μὴ λέγειν, ἃ βούλεται.
ἐλαύνω treibe; intr. ziehe Pass.	ἐλῶ, -ᾷς ἐλασθήσομαι	ἤλασα ἠλάθην	ἐλήλακα ἐλήλαμαι Plqpf. ἐληλάμην	
ἐλέγχω widerlege, überführe (gew. ἐξ-) Pass.	ἐλέγξω	ἤλεγξα ἠλέγχθην	ἐλήλεγμαι, -γξαι Plqpf. ἐληλέγμην	ἐλέγχω: Φίλιππον ἀδικοῦντα, od. ὅτι ἀδικεῖ. Φίλιππος ἀδικῶν ἐξελήλεγκται.
ἐλίττω (εἱλίττω) wälze (Impf. εἴλιττον) Pass.	ἐλίξω ἐλιχθήσομαι	εἴλιξα εἰλίχθην	— εἴλιγμαι	ἐλευθερόω (ἐλεύθερος) befreie: τοὺς ἐναντίους τῆς ζημίας.
ἕλκω ziehe tr. (Impf. εἷλκον) Pass.	ἕλξω ἑλκυσθήσομαι	εἵλκυσα εἱλκύσθην	εἵλκυκα εἵλκυσμαι	ἐλπίζω hoffe: νίκην auf Sieg, od. νικήσειν, πράξειν καλῶς, μηδὲν κακὸν πείσεσθαι.
ἐμποδίζω hindere	ἐμποδιῶ, -εῖς	ἐνεπόδισα	ἐμπεπόδικα	
ἐναντιόομαι trete entgegen (Impf. ἠναντιούμην). D. P.	ἐναντιώσομαι	ἠναντιώθην	ἠναντίωμαι	ἐναντιώσομαι ὑμῖν μηδὲν ποιεῖν παρὰ τοὺς νόμους.
ἐνεδρεύω stelle nach	ἐνεδρεύσω	ἐνήδρευσα	ἐνήδρευκα	
ἐνθυμέομαι erwäge, D. P.	ἐνθυμήσομαι	ἐνεθυμήθην	ἐντεθύμημαι τὸ ἐνθύμημα	ἐνθυμοῦμαι ταῦτα πάντα — ὅτι ἡμῖν οὐδενὸς μέτεστιν — οἷον τιμῶν ἀπεστερήμεθα — μὴ οὐκ ἔχωμεν βεβαίως, ὡς δεῖ νικῶν.
ἐξετάζω prüfe (Impf. ἐξήταζον) Pass.	ἐξετάσω ἐξετασθήσομαι	ἐξήτασα ἐξητάσθην	ἐξήτακα ἐξήτασμαι	

Repetitionstabellen (ἐπείγω — ἐσθίω)

ἐπείγω treibe an, dringe gew. ἐπείγομαι eile	ἐπείξομαι	ἤπειξα	ἤπειγμαι	ἐπιθυμῶ πλούτου — ἄρχειν, τιμᾶσθαι.
ἐπιθυμέω begehre	ἐπιθυμήσω	ἐπεθύμησα	ἐπιτεθύμηκα	
ἐπιορκέω schwöre falsch	ἐπιορκήσω	ἐπιώρκησα	ἐπιώρκηκα	Θεὸν ἐπιορκῶν μὴ δόκει λεληθέναι.
ἐπίσταμαι verstehe D. P. ἠπιστάμην, ἠπίστατο ἐπίστωμαι — ἐπίσταιτο — ἐπίστασο	ἐπιστήσομαι	ἠπιστήθην	ἡ ἐπιστήμη	ἐπίσταμαι weiß, verstehe: τέχνην. weiß, verstehe zu: εἰκεῖν κακοῖς. weiß, daß: θνητὸς ὤν (ὅτι—εἰμί), σὲ θνητὸν ὄντα (ὅτι—εἶ). ἐπιστήμων τῶν περὶ τὰς τάξεις.
ἕπομαι folge (Impf. εἱπόμην)	ἕψομαι	ἑσπόμην σπῶμαι, ἐπίσπωμαι σποῖτο, ἐπίσποιτο σποῦ, ἐπίσπου	—	ἕπομαι: ἡγεμόνι, aequor ducem. νόμοις ἐπιχωρίοις.
ἐράω, ἔραμαι liebe	ἐρασθήσομαι	ἠράσθην gewann lieb	—	ἐρῶ μαθήματος — τοῦ ζῆν. οὐκ ἐρῶ τυχεῖν τῆς τιμῆς.
ἐργάζομαι arbeite (Impf. εἰργαζόμην) Pass.	ἐργάσομαι ἐργασθήσομαι	εἰργασάμην εἰργάσθην	} εἴργασμαι	ἐρίζω streite, wetteifere mit jem.: ἐρίζουσιν Ἀφροδίτῃ κάλλος.
ἔρχομαι gehe, komme (Impf. ᾖα)	εἶμι	ἦλθον (ἐλθέ)	ἐλήλυθα ἥκω bin da	ἐρωτῶ: ταυθ' ὑμᾶς. ἀνήρας' ἡμᾶς τοὺς ἐν Ἰλίῳ πόνους.
ἐρωτάω frage Pass.	ἐρωτήσω ἐρήσομαι ἐρωτηθήσομαι	ἠρώτησα ἠρόμην ἠρωτήθην	ἠρώτηκα ἠρώτημαι	
ἐσθίω, βιβρώσκω esse, verzehre (oft κατα-)	ἔδομαι κατα-βρωθήσομαι	ἔφαγον κατ-εβρώθην	κατα-βέβρωκα κατα-βέβρωμαι	ἐσθίω: κηρίων — ἀρούρης καρπόν. εὐδαιμονίζω: preise glücklich, jem. wegen: ὑμᾶς τῆς ἐλευθερίας.

Repetitionstabellen (εὐλαβέομαι — ἔχω)

Präsentia	Futura	Aoriste	Perfekta (Nomina)	Syntaktisches
εὐλαβέομαι hüte mich	εὐλαβήσομαι	ηὐλαβήθην	—	εὐλαβοῦμαι: ψόγον.
εὑρίσκω finde Med. finde für mich, erlange Pass.	εὑρήσω εὑρήσομαι εὑρεθήσομαι	ηὗρον ηὑρόμην ηὑρέθην	ηὕρηκα — ηὕρημαι εὑρετός ἡ εὕρησις — τὸ εὕρημα	εὑρήσεις, ὅτι ἀληθῆ λέγω, od. ἐμὲ ἀληθῆ λέγοντα. εὑρίσκομαι ἀληθῆ λέγων.
εὐφραίνω erfreue εὐφραίνομαι freue mich	εὐφρανῶ εὐφρανοῦμαι, -ῇ	εὔφρᾱνα εὐφράνθην	—	εὐφραίνομαι: (ἐπὶ) τῇ διανοίᾳ, ὁρῶν ὑμᾶς παρόντας.
εὔχομαι bete; gelobe, D. M.	εὔξομαι	ηὐξάμην	ηὖγμαι εὐκτός	εὔχομαι wünsche: ὑμῖν ἀγαθά. gelobe: θεοῖς ἑκατόμβην, θύσειν σωτήρια. flehe: θεοῖς πολυκαρπίαν — ἡμῖν δοῦναι τἀγαθά.
ἔχω (ἴσχω) habe, halte; intr. verhalte mich; (Impf. εἶχον) Med. halte für mich (Impf. εἰχόμην)	ἕξω σχήσω ἕξομαι σχήσομαι	ἔσχον σχῶ, σχοίην σχές, σχέτω ἐσχόμην σχῶμαι σχοίμην σχοῦ, σχέσθω	ἔσχηκα ἔσχημαι	ἔχω: καλῶς ἔχει τὰ ἱερά. εὐνοϊκῶς εἴχομεν ἀλλήλοιν. ἔχομαι: χειρός, — νόμων — τῆς αὐτῆς γνώμης. ἀπέχω, tr.: τοὺς υἱοὺς πονηρῶν. intr.: οὐ πολὺ Βαβυλῶνος. ἀπέχομαι: ἐπιθυμιῶν. μετέχω: ἀρχῆς.
Komposita, z.B. παρέχω gewähre	παρέξω παρασχήσω	παρέσχον παρέσχομαι παρασχοίμι παράσχες παρασχόμην παρασχοῦμαι παρασχοῖτο παρασχοῦ	παρέσχηκα παρέσχημαι	παρέχω: ἐμαυτὸν φίλον, ἐμαυτὸν ἐρωτᾶν τῷ βουλομένῳ.
παρέχομαι gewähre von mir aus	παρέξομαι παρασχήσομαι			

Repetitionstabellen (ἔχω — ἡττάομαι) 15

ἀνέχομαι halte aus (Impf. ἠνειχόμην) ὑπισχνέομαι verspreche	ἀνέξομαι ὑποσχήσομαι	ἠνεσχόμην ἀνεσχόμην ὑπεσχόμην ὑπόσχωμαι ὑπόσχοιου	ἠνέσχημαι ἀνεσχετός u. ἀνασχετός ὑπέσχημαι	ἀνέχομαι: πήματα πάσχων πολλά. Ἀρισίου βασιλεύοντος od. Ἀρισίου βασιλεύοντα δαβ Α... ὑπισχνοῦμαι: δώσειν μισθόν ὑμῖν, αὐτούς μηδέν πείσεσθαι.
ζάω (ζῇς usw.), βιόω lebe	ζήσω, βιώσομαι	ἐβίων	βεβίωκα	
ζεύγνυμι verbinde Med. verbinde für mich Pass.	ζεύξω ζεύξομαι ζευχθήσομαι	ἔζευξα ἐξευξάμην ἐξεύχθην	} ἔζευγμαι τὸ ζεῦγος τὸ ζυγόν	ζεύγνυμι γέφυραν (πλοίοις) schlage eine Brücke ποταμῶν (πλοίοις) überbrücke. ζηλόω eifere nach: τὸν ἐσθλὸν ἄνδρα. beneide: ζηλῶ σε τοῦ νοῦ. ζημιόω strafe: Περικλέα χρήμασιν.
ἡβάσκω werde mannbar ἡβάω bin jung	ἡβήσω	ἥβησα wurde mannbar	ἥβηκα bin jung gewesen	
ἡγέομαι führe (τινός u. τινί); halte für (τινά τι), glaube	ἡγήσομαι	ἡγησάμην	ἥγημαι (pries.) glaube ἡγητέον	ἡγοῦμαι führe an: στρατεύματος. führe: ταῖς ναυσίν (τὴν ῥᾴστην ὁδόν). halte für: τὸν σοφὸν εὐδαιμονέστατον. glaube: ἱκανὸς εἶναι διαπαλαῖν, τὴν παρασκευὴν μείζω εἶναι.
ἥδομαι freue mich, D.P.	ἡσθήσομαι	ἥσθην	—	ἥδομαι: (ἐπὶ) δικαίοις ἔργοις — ὁρῶν τὸ φῶς, od. ὅτι ὁρῶ τὸ φῶς.
ἥκω bin gekommen, bin da (Impf., Konj. u. Opt. auch als Aor.)	ἥξω	—	—	
ἧμαι sitze, pros. κάθημαι Impf. ἐκαθήμην andere Formen s. ἵζω	—	—	—	
ἡττάομαι unterliege, stehe nach; D.P.	ἡττηθήσομαι	ἡττήθην	ἥττημαι ἡ ἧττα	ἡττῶμαι: τῶν Ἑλλήνων μάχῃ (μάχην). stehe nach: τῶν φίλων εὐεργεσίαις od. τῶν φίλων εὐεργετῶν.

Präsentia	Futura	Aoriste	Perfekta (Nomina)	Syntaktisches
θάπτω begrabe Pass.	θάψω ταφήσομαι	ἔθαψα ἐτάφην	τέταφα τέθαμμαι Inf. τεθάφθαι ἄθαπτος, ὁ τάφος	
θαυμάζω bewundere, wundere mich. Pass.	θαυμάσομαι θαυμασθήσομαι	ἐθαύμασα ἐθαυμάσθην	τεθαύμακα τεθαύμασμαι θαυμαστός	θαυμάζω: ὑμᾶς τῆς διανοίας, "Ομηρον ἐπὶ ποιήσει, τῶν στρατηγῶν, ὅτι οὐ παρώντα. τίσι ποτὲ λόγοις ἔπεισαν 'Αθηναίους, εἰ μὴ ἀσμένοις ὑμῖν ἀφῖγμαι.
θεάομαι betrachte	θεάσομαι	ἐθεασάμην	τεθέαμαι θεατός	
ἀπο-θνῄσκω sterbe	ἀπο-θανοῦμαι, -ῇ Fut. ex.	ἀπ-έθανον	τέθνηκα bin tot τεθνήξω werde tot sein	ἀποθνῄσκω ὑπό τινος, Pass. zu ἀποκτείνω.
θυμόομαι zürne (τινί τινος)	θυμώσομαι	ἐθυμώθην	τεθύμωμαι	θυμοῦταί σοι τῆς θυγατρός, dir wegen der T. ἐπιθυμέω s. S. 13.
θύω opfere Med. opfere für mich Pass.	θύσω θύσομαι τυθήσομαι	ἔθυσα ἐθυσάμην ἐτύθην	τέθυκα τέθυμαι	
ἰάομαι heile, D. M. Pass.	ἰάσομαι ἰαθήσομαι	ἰασάμην ἰάθην	ἴαμαι	ἱερὸς ὁ χῶρος 'Αρτέμιδος.
ἴζω, ἱζάνω, pros. nur im Komp. καθίζω, tr. setze, intr. setze mich	καθιῶ, -ιεῖς	ἐκάθισα	—	

Repetitionstabellen (ἴζω — καίω)

καθίζομαι setze mich καθέζομαι setze mich und sitze κάθημαι sitze, s. S. 15	καθεδοῦμαι, -ῇ	ἐκαθεζόμην m. Impf.- u. Aor.- Bdtg. *considebam u. consedi*	
Ein Verb bedeutet „setze": καθίζω; zwei bedeuten „sitze": καθέζομαι, κάθημαι; drei bedeuten „setze mich": καθίζω, καθίζομαι, καθέζομαι.			
ἵημι sende Med. sende für mich; eile Pass.	ἥσω ἥσομαι ἑθήσομαι	ἧκα, εἷμεν εἵμην εἵθην	εἷκα } εἷμαι ἑτός — ἑτέος	ἀφίημι entsende: βέλος, δοῦλον. ἀφίεμαι stehe ab: σωτηρίας. ἐφίημι sende zu: Ἀργείοις πήματα. gestatte: σοὶ πᾶν λέγειν. ἐφίεμαι strebe nach: κερδῶν. ἱκανώτατος ἀνὴρ εἰπεῖν καὶ πρᾶξαι. ἐξ- (ἐφ-) ἱκνοῦμαι erreiche, treffe: τῶν σφενδονητῶν.
ἱκνέομαι komme an, gew. ἀφ-, ἐξ-	ἀφ-ίξομαι	ἀφ-ικόμην	ἀφ-ῖγμαι: ἡ ἄφιξις	
ἵστημι stelle Med. stelle für mich Pass. werde gestellt Ἵσταμαι intr. stelle mich, trete	στήσω στήσομαι σταθήσομαι στήσομαι	ἔστησα ἐστησάμην ἐστάθην ἔστην trat Fut. ex.	ἕστηκα stehe ἑστήξω werdestehen	ἀφίστημι: τοὺς συμμάχους (ἀπὸ) τῶν Ἀθηναίων. ἐφίστημι halte an: στρατόν. *praeficio*: τῷ ξενικῷ. καθίστημι setze ein: Κῦρον βασιλέα. προΐστημι *praeficio*: τοῦ ξενικοῦ. ὑφίσταμαι bestehe: κινδύνους. verspreche: δώσειν.
καθαίρω reinige, kein Komp., regelm.	καθαρῶ, -εῖς καθαρθήσομαι	ἐκάθηρα ἐκαθάρθην	κεκάθαρκα κεκάθαρμαι	καθαίρω: Ἄδραστον φόνου.
κατα-καίνω töte	κατα-κανῶ, -εῖς	κατ-έκανον	κατα-κέκονα	
καίω (κάω) verbrenne, tr. pros. meist κατα-. Pass.	καύσω καυθήσομαι	ἔκαυσα ἐκαύθην	κέκαυκα κέκαυμαι τὸ καῦμα, ὁ καυστός	καίω: ἀνακαίειν πῦρ. κατακαίειν τὰς κώμας.

Repetitionstabellen (καλέω — κοιμάω)

Präsentia	Futura	Aoriste	Perfekta (Nomina)	Syntaktisches
καλέω rufe; nenne Pass.	καλῶ, -εῖς κληθήσομαι werde gerufen w., genannt w.	ἐκάλεσα ἐκλήθην Fut. ex.	κέκληκα κέκλημαι heiße κεκλήσομαι werde heißen	καλῶ rufe: ἐπὶ δεῖπνον, εἰς δικαστήριον. nenne: ὑμᾶς προδότας. ἐγκαλῶ werfe vor: ὑμῖν δειλίαν, od. ὅτι (ὡς) δειλοί ἐστε.
κάμνω werde müde	καμοῦμαι, -ῇ	ἔκαμον	κέκμηκα	κάμνω: μὴ κάμῃς φίλον εὐεργετῶν.
κεῖμαι liege (Impf.ἐκείμην, ἔκεισο usw.)	κείσομαι	—	—	ἀνάκειται ἀνάθημα (ἀνατίθημι). διάκειμαι φιλικῶς σοι (διατίθημι). ἐπίκειμαι πολεμίοις (ἐπιτίθεμαι). κελεύω: ὑμᾶς μεῖναι. (Pass. κελεύεσθε od. ἐπιτάττεσθε μεῖναι.) παρακελεύομαί τινι fordere auf.
κελεύω befehle, heiße Pass.	κελεύσω κελευσθήσομαι	ἐκέλευσα ἐκελεύσθην	κεκέλευκα κεκέλευσμαι κελευστός	
κεράννυμι mische (τινί τι) Pass.	κερῶ, -ᾷς κραθήσομαι	ἐκέρασα ἐκράθην	κέκραμαι ἄκρατος	κενός leer: ἅρμα κενὸν ἡνιόχων. κεράννυμι: οἴνῳ ὕδωρ.
κλαίω (κλάω) weine Pass.	κλαύσομαι κλαυσθήσομαι	ἔκλαυσα ἐκλαύσθην	κέκλαυκα κέκλαυσμαι ἄκλαυ(σ)τος	κινδυνεύω: διαφθαρῆναι, τὸν στρατὸν ἀποβαλεῖν. κίνδυνός ἐστι, μὴ πολλοὶ ἀπόλωνται, od. πολλοὺς ἀπολέσθαι.
κλείω (κλῄω) schließe Pass.	κλείσω κλεισθήσομαι	ἔκλεισα ἐκλείσθην	κέκλεικα κέκλειμαι	
κλέπτω stehle Pass.	κλέψω	ἔκλεψα ἐκλάπην	κέκλοφα κέκλεμμαι κλεπτός u. κλεπτός	κοινός gemeinsam: πάντων od. πᾶσιν.
κλίνω lehne, neige Pass.	κλινῶ, εῖς κλιθήσομαι	ἔκλινα ἐκλίθην	κέκλικα κέκλιμαι	κοινόω mache gemeinsam: τὴν δύναμιν. (ἀνα)κοινοῦμαι teile jem. mit, befrage: τῷ θεῷ — Σωκράτει περὶ πορείας.
κοιμάω bringe zur Ruhe κοιμάομαι schlafe ein	κοιμήσομαι	ἐκοιμήθην	κεκοίμημαι	κοινωνέω habe, nehme teil, τινί τινος: φίλῳ πόνων καὶ κινδύνων.

Repetitionstabellen (κομίζω — λαγχάνω)

κομίζω bringe, regelm. Med. erwerbe mir, bekomme (wieder) Pass. werde gebracht; reise	κομιῶ, -εῖς κομιοῦμαι, -ῇ κομισθήσομαι	ἐκόμισα ἐκομισάμην ἐκομίσθην reiste erwarb mir	κεκόμικα κεκόμισμαι } κεκόμισμαι	
κόπτω haue Pass.	κόψω κοπήσομαι	ἔκοψα ἐκόπην Fut. ex.	κέκοφα κέκομμαι κεκόψομαι	
κράζω schreie, oft ἀνα-	ἀνα-κράξομαι	ἀν-έκραγον	κέκρᾱγα schreie	
κρεμάννῡμι tr. hänge Pass.	κρεμῶ, -ᾷς κρεμασθήσομαι	ἐκρέμᾰσα ἐκρεμάσθην	— κρεμάαμαι hange	
κρίνω scheide, richte Pass. ἀπο-κρίνομαι antworte D. M.	κρινῶ, -εῖς κριθήσομαι ἀπο-κρινοῦμαι, -ῇ	ἔκρῑνα ἐκρίθην ἀπ-εκρῑνάμην	κέκρικα κέκριμαι κριτός, κριτέος ἀπο-κέκριμαι, auch pass.	κρατέω (ἐγκρατής, ἀκρατής u. ä.) beherrsche, bezwinge: ὀργῆς. πάντων οἱ θεοὶ κρατοῦσιν. besiege: Συρακοσίους μάχαις. übertreffe: ἄλλους πολύ εὐεργετῶν. κρίνω entscheide: νεῖκος, ἀγῶνα. halte für: τὴν ἀρετὴν μέγιστον ἀγαθόν. klage an: τοὺς πρέσβεις δώρων. ἀποκρίνομαι: ταῦτα τοῖς πολλοῖς.
κρύπτω verberge, verheimliche	κρύψω κρυφθήσομαι	ἔκρυψα ἐκρύφθην	κέκρυφα κέκρυμμαι	κρύπτω: οὐδέν σε κρύψω. κρύφα τῶν ἄλλων heimlich vor.
κτάομαι erwerbe mir	κτήσομαι	ἐκτησάμην ἐκτήθην, pass. Fut. ex.	κέκτημαι und ἔκτημαι besitze κεκτήσομαι werde besitzen	κωλῡ́ω hindere, halte ab: τινά τινος, τοὺς ἐπιόντας τῆς παρόδου, τοῦ κᾶσιν. τί κωλῡ́ει ἡμᾶς (μὴ) διαβαίνειν; (οὐδὲν κωλῡ́ει ἡμᾶς μὴ οὐ διαβαίνειν).
ἀπο-κτείνω töte	ἀπο-κτενῶ, -εῖς	ἀπ-έκτεινα	ἀπ-έκτονα	ἀποκτείνω : Pass. φονεύομαι od. ἀποθνῄσκω ὑπό τινος.
κύπτω bücke mich	κύψω	ἔκυψα	κέκῡφα	
λαγχάνω erlose, erhalte (τι u. τινός)	λήξομαι	ἔλαχον	εἴληχα	λαγχάνω verlange durchs Los, als Los: ὄλβον, ἀρχήν — ὁ λαχὼν πολέμαρχος. werde teilhaftig: τιμῆς, ἐπαίνου.

Präsentia	Futura	Aoriste	Perfekta (Nomina)	Syntaktisches
λαμβάνω nehme, empfange Pass.	λήψομαι ληφθήσομαι	ἔλαβον ἐλήφθην	εἴληφα εἴλημμαι ληπτέος	λαμβάνω: πολλὰ κτήην ἔλαβον, od. τῆς ζώνης τὸν Ὀρόνταν. (κατα)λαμβάνω ὑμᾶς κλέπτοντας.
λανθάνω (λήθω) bin verborgen (vor τινά) ἐπι-λανθάνομαι vergesse (τινός)	λήσω ἐπι-λήσομαι	ἔλαθον ἐπι-ελαθόμην	λέληθα ἐπι-λέλησμαι ἢ λήθη	λανθάνει τὸ στράτευμα τρεφόμενον. οὐδείς ποιῶν πονηρὰ λανθάνει θεόν. λάθρᾳ τῶν στρατιωτῶν heimlich vor. ἐπιλανθάνομαι: τῆς οἴκαδε ὁδοῦ.
λέγω, φημί, ἀγορεύω } rede, spreche, sage Pass.	ἐρῶ, -εῖς λέξω, φήσω ῥηθήσομαι λεχθήσομαι λέξομαι	εἶπον (εἰπέ) εἶπα ἔλεξα, ἔφησα ἐρρήθην ἐλέχθην	εἴρηκα εἴρημαι λέλεγμαι λέλεξεται εἰρήσεται u. λελέξεται es wird gesagt (worden) sein	λέγω: ὑμᾶς εὖ, κακῶς (pass. εὖ ἀκούω). ὑμᾶς προδότας. ἔλεγεν αὐτοῖς θαρρεῖν sie sollten — μὴ ἀποπλεῖν ne avek. ἀρετῆς.
δια-λέγομαι unterrede mich ἀπ-αγορεύω s. oben	δια-λέξομαι	δι-ελέχθην	δι-είλεγμαι	διαλέγομαι: Σωκράτει περὶ
λέγω lese, sammle (ἐκ-, κατα-, συλ-). Pass.	συλ-λέξω συλ-λεγήσομαι	συν-έλεξα συν-ελέγην	συν-είλοχα συν-είλεγμαι	συλλέγειν, συλλέγεσθαι εἰς πεδίον.
λείπω lasse [für mich Med. lasse von mir aus, Pass.	λείψω λείψομαι } λειφθήσομαι λείψομαι	ἔλιπον ἐλιπόμην ἐλείφθην Fut. ex.	λέλοιπα } λέλειμμαι λελείψεται λέλειμμαι	ἐπιλείπει ὁ σῖτος τὸν στρατόν.
(ὑπο)λείπομαι bleibe zurück, stehe nach	λείψομαι	ἐλείφθην	λέλειμμαι	(ὑπο)λείπομαι: τινός τινι. λέλειφθε πολὺ ἡμῶν πλήθει, οὐδενὸς εὐεργετοῦντες.
κατα-Λεύω steinige Pass.	κατα-λεύσω κατα-λευσθήσομαι	κατ-έλευσα κατ-ελεύσθην	κατα-λέλευκα κατα-λέλευσμαι	λήγω höre auf, stehe ab: ἔριδος, οὐ λήξω θεραπεύων τοὺς γονέας.

Repetitionstabellen (λογίζομαι — μέλει)

λογίζομαι berechne Pass.	λογιοῦμαι, -ῇ λογισθήσομαι	ἐλογισάμην ἐλογίσθην		λελόγισμαι
λυμαίνομαι beschädige, verhöhne Pass.	λυμανοῦμαι, -ῇ λυμανθήσομαι	ἐλυμηνάμην ἐλυμάνθην		λελύμασμαι
λυπέω betrübe, kränke λυπέομαι betrübe mich	regelm. λυπήσομαι	ἐλύπησην	λελύπημαι	λυπῶ: ὑμᾶς πολλὰ ἐλύπουν. λυποῦμαι: πολλὰ (ἐπὶ) τοῖς γιγνομένοις.
λύω löse Med. löse mir od. mich Pass.	λύσω λύσομαι λυθήσομαι	ἔλυσα ἐλυσάμην ἐλύθην	λέλυκα λέλυμαι, λυτός λελύσομαι	λύσω: ὑμᾶς τῶνδε τῶν πόνων. ἀπολύω sprecho frei: ὑμᾶς προδοσίας. λυσιτελέω nütze: ὑμῖν πολλά.
			Fut. ex.	
μαίνομαι rase	μανοῦμαι, -ῇ	ἐμάνην	μέμηνα bin rasend	
μανθάνω lerne, erfahre	μαθήσομαι	ἔμαθον	μεμάθηκα μαθητός	μανθάνω: τί βούλῃ μαθεῖν ἐμοῦ; lerne u. verstehe zu —: σωφρονεῖν. erfahre, daß: θνητὸς ὤν (ὅτι — εἰμί), σε θνητὸν ὄντα (ὅτι — εἶ).
μάχομαι kämpfe	μαχοῦμαι, -ῇ	ἐμαχεσάμην	μεμάχημαι	μάχομαι: Πέρσαις od. ἐπί, πρὸς Π. verbündet mit: μετὰ Κύρου od. σὺν Κύρῳ.
μείγνυμι (μίσγω) mische	μείξω μειχθήσομαι	ἔμειξα ἐμείχθην	μέμειγμαι	μείγνυμι: οἴνῳ ὕδωρ.
μέλει μοι mir liegt woran (τινός)	μελήσει	ἐμέλησε(ν)	μεμέληκε(ν)	μέλει μοι: τοῦ ἐπαίνου ὑμῶν, ὅπως ὑμεῖς ἐπαινέσετε. μεταμέλει μοι bereue: πράξεως, ὅτι ταῦτ' ἔπραξα, ταῦτα πράξαντι.

Repetitionstabellen (-μέλομαι — μιμνῄσκω)

Präsentia	Futura	Aoriste	Perfekta (Nomina)	Syntaktisches
ἐπι-μέλομαι sorge, besorge (τινός) (Nbf. ἐπι-μέλομαι)	ἐπι-μελήσομαι	ἐπ-εμελήθην	ἐπι-μεμέλημαι	ἐπιμέλομαι: πᾶσαν ἐπιμέλειαν. ἐπιμελοῦνται πάντων οἱ θεοί. ἐπιμελώμεθα τῶν νέων, ὅπως ὡς ἄριστοι ἔσονται. ἐπιμελής (ἀμελής, ἀμελέω) παιδείας.
μέλλω habe vor, bin im Begriff; zaudere	μελλήσω	ἐμέλλησα		μέλλω bin im Begriff: ὑμᾶς διδάξειν. es steht zu erwarten, daß: οὐδεὶς ἔτι μέλλει ἀγοράν παρέξειν.
μέμφομαι tadle Pass.	μέμψομαι μεμφθήσομαι	ἐμεμψάμην ἐμέμφθην	μελλητέον — ἡ μέμψις	μέμφομαι tadle: τὴν γνώμην. werfe vor: ὑμῖν τὴν ἐξέλασιν, od. ὑμῖν, ὅτι ἐξηλάσατε.
μένω bleibe; erwarte	μενῶ, -εῖς	ἔμεινα	μεμένηκα	
μηχανάομαι ersinne	μηχανήσομαι	ἐμηχανησάμην	μεμηχάνημαι auch pass.	μηχανῶμαι ersinne: πρᾶγμα τοιόνδε. sinne darauf: ὅπως ἀποφεύξεται.
μιαίνω beflecke Pass.	μιανῶ, -εῖς μιανθήσομαι	ἐμίανα ἐμιάνθην	μεμίαγκα μεμίασμαι ἀμίαντος, τὸ μίασμα	
μιμέομαι ahmensch, D. M. Pass.	μιμήσομαι μιμηθήσομαι	ἐμιμησάμην ἐμιμήθην	} μεμίμημαι	μιμοῦμαι: μὴ μιμοῦ κακοὺς τρόπους.
ἀνα-μιμνῄσκω (gew. ἀνα-, ὑπο-)	ἀνα-μνήσω	ἀν-έμνησα	—	ἀναμιμνῄσκω: ὑμᾶς τοὺς κινδύνους.
μιμνῄσκομαι erinnere mich, gedenke, erwähne	μνησθήσομαι	ἐμνήσθην	μέμνημαι prüs.: meminisci μεμνήσομαι memineno μνήμη — μνῆμα	μιμνῄσκομαι (μνήμων u.a.) τινός: μέμνησο τῆς κοινῆς τύχης. μέμνημαι bin eingedenk, daß: θνητός ὤν (ὅτι — εἰμί), οἱ θνητόν ὄντα (ὅτι — εἶ), gedenke, beabsichtige: ἀνήρ ἀγαθὸς εἶναι.

Repetitionstabellen (νέμω — ὀνίνημι)

νέμω teile zu, verteile Med. teile mir zu, erhalte; weide. Pass.	νεμῶ, -εῖς νεμοῦμαι, -ῇ νεμηθήσομαι	ἔνειμα ἐνειμάμην ἐνεμήθην	νενέμηκα νενέμημαι	νομίζω halte für: ὑμᾶς φίλους. glaube: ὑμᾶς ἐμοὶ φίλους εἶναι.
νοέω sinne, regelm.; öfter νοέομαι in Kompos.	-νοήσομαι	-ενοήθην	-νενόημαι	ἀπο-νοέομαι verzweifle: διαμάχεσθαι. δια-νοέομαι beabsichtige: ἀπάγειν (-άξειν).
οἴγω öffne, pros. ἀν-, δι-. (Nbf. οἴγνῡμι) Pass.	ἀν-οίξω ἀν-οιχθήσομαι	ἀν-έῳξα (ἀν-οῖξω) ἀν-εῴχθην	ἀν-έῳχα ἀν-έῳγμαι ἀν-εῴγμην	ἐν-νοέομαι erwäge: ταῦτα — ὅτι ἦν. προ-νοέομαι sehe voraus: τὰ μέλλοντα. sorge für: τοῦ μέλλοντος.
οἶδα, οἶσθα usw. weiß ᾔδειν, ᾔστον bis ᾔδεσαν εἰδῶ — εἰδείην — ἴσθι, ἴστω — εἰδέναι — εἰδώς	εἴσομαι werde wissen od. werde erfahren	—	—	οἶδα weiß, daß: θνητὸς ὤν (ὅτι — εἰμί), Κῦρον πεπτωκότα (ὅτι—). weiß, verstehe zu — : εἰκάζειν θεοῖς. σύνοιδα ἐμαυτῷ: οὐδὲν σοφὸς ὤν, od. οὐδὲν σοφῷ ὄντι. σύνοιδά σοι ποιήσαντι od. σε ποιήσαντα.
οἰμώζω wehklage	οἰμώξομαι	ᾤμωξα	ᾤμωγμαι	οἴομαι: ἱκανὸς εἶναι. ὑμᾶς ἱκανοὺς εἶναι.
οἴομαι, οἶμαι meine	οἰήσομαι	ᾠήθην	—	
οἴχομαι perfektisch: bin fort; Impf. u. Modi auch aoristisch	—	—	—	οἴχομαι: ᾤχετο λάθρᾳ ἀπιών.
ἀπ-όλλῡμι tr. perdo ἀπ-όλλυμαι intr. pereo	ἀπ-ολῶ, -εῖς ἀπ-ολοῦμαι, -ῇ	ἀπ-ώλεσα ἀπ-ωλόμην	ἀπ-ολώλεκα ἀπ-όλωλα ἀπ-ωλώλειν	ὀκνέω zaudere, zögere: ἀποκρίνασθαι. besorge, fürchte: μὴ ἀποδόξῃ ὑμῖν. ὁμιλέω verkehre: σοφοῖς ὁμιλῶν καυτὸς ἐκβήσῃ σοφός.
ὄμνῡμι schwöre, beschwöre	ὀμοῦμαι, -ῇ	ὤμοσα	ὀμώμοκα ὀμώμοσμαι	ὄμνυμι (ἐπιορκέω): ὅρκον — σπουδάς. bei den Göttern: τοὺς θεούς, — νὴ Δία. ὀμνύουσι πάντες μὴ λείψειν τὴν τάξιν.
ὀνίνημι nütze, fördere (Impf. ὠφέλουν) Med. habe Vorteil	ὀνήσω ὀνήσομαι	ὤνησα ὠνήθην	— — ἡ ὄνησις	ὀνίνημι: τὴν Ἑλλάδα πολλά. ὀνίναμαι: (ἀπό) τινος.

Präsentia	Futura	Aoriste	Perfekta (Nomina)	Syntaktisches
ὁράω sehe (Impf. ἑώρων) Pass.	ὄψομαι ὀφθήσομαι	εἶδον (ἰδέ) εἰδόμην ὤφθην	ἑώρακα ὄπωπα ἑώραμαι ὤμμαι	ὁρῶμεν: ἄποροι ὄντες (ὑμᾶς ὄντας). πάντα ἀληθῆ ὄντα, od. ὅτι πάντα ἀληθῆ ἐστιν. ὅρα μή m. Ind.: sieh zu, ob nicht. m. Konj.: gib acht, daß nicht. περιορῶ dulde, lasse geschehen, daß: πόλιν διαφθειρομένην.
ὀργίζομαι zürne	ὀργιοῦμαι, -ῇ	ὠργίσθην	ὤργισμαι	ὀργίζομαι: τῷ ἀδελφῷ, ὅτι ἀπίστη od. τῷ ἀδελφῷ τῆς ἀπιστίας ἀδικούμενος. [σεως.
ὀρέγω strecke aus, gew. ὀρέγομαι begehre (τινός)	ὀρέξομαι	ὠρέχθην	ὤρεγμαι	ὀρέγονται: δόξης – τοιοῦτοι γενέσθαι – τοῦ πρῶτος ἕκαστος γίγνεσθαι.
ὁρμάω treibe an; breche auf ὁρμάομαι breche auf, D.P.	ὁρμήσω ὁρμήσομαι	ὥρμησα ὡρμήθην	ὥρμηκα ὥρμημαι	
ὁρμέω und ὁρμέομαι intr. liege vor Anker ὁρμίζω tr. lege vor Anker ὁρμίζομαι intr. lande an, gehe od. liege vor Anker	regelm. regelm. ὁρμιοῦμαι, -ῇ	ὡρμισάμην ὡρμίσθην	ὥρμισμαι	
ὀρύττω grabe Pass.	ὀρύξω ὀρυχθήσομαι	ὤρυξα ὠρύχθην	ὀρώρυχα ὀρώρυγμαι ὠρωρύγμην ὀρυκτός – διῶρυξ	
ὀφείλω bin schuldig	—	ὤφελον, utinam	—	ὀφείλω: τοῖς στρατιώταις μισθόν. ἀλλ' ὤφελε μὲν Κῦρος ζῆν. ὡς ὤφελον πάροιθεν ἐκλιπεῖν βίον.
παίω, s. πλήττω.				

πάσχω leide, empfinde	πείσομαι	ἔπαθον	πέπονθα	πάσχω: εὖ, κακῶς ὑπό τινος, Pass. zu εὖ, κακῶς ποιῶ τινα.
παύω mache aufhören (τινά τινος). Pass. παύομαι höre auf (τινός)	παύσω παυσθήσομαι παύσομαι	ἔπαυσα ἐπαύσθην ἐπαυσάμην	πέπαυκα πέπαυμαι } ἄπαυστος	παύω: ἐπαυσαν Τιμόθεον ἀρχῆς, od. Τιμόθεον ἄρχοντα παύομαι: Τιμόθεος ἐπαύσατο ἄρχων. ἔπειτα θρῆνον καὶ γόον ἐπαύσατο
πείθω überrede; überzeuge. Pass.	πείσω πεισθήσομαι	ἔπεισα ἐπείσθην	πέπεικα πέπεισμαι	πείθω überrede zu tun: τινά ποιεῖν. überzeuge euch hiervon: ὑμᾶς ταῦτα, daß: ὡς οὐκ ἀγαθοί εἰσιν.
πείθομαι gehorche, D. P.	πείσομαι	ἐπείσθην	πέπεισμαι πέποιθα vertraue	πείθομαι (ἀπειθέω): τινί. gehorche, τινι, νόμοις. glaube, traue: ταῦτ' ἐγώ σοι. πέποιθα: ἐμαυτῷ, τῇ χειρί.
πέμπω schicke Pass.	πέμψω πεμφθήσομαι	ἔπεμψα ἐπέμφθην	πέπομφα πέπεμμαι, -μψαι	
πειράω versuche; reg. gew. πειράομαι versuche, D. P.	πειράσομαι	ἐπείρασα ἐπειράθην	πεπείραμαι πειρατέον	πειρῶμαι (ἔμπειρος, ἄπειρος): ἔργου, τειχῶν — κακῶν — ἀπολογήσασθαι
πετάννυμι breite aus (oft ἀνα-) Pass.	πετῶ, -ᾷς πετασθήσομαι	ἐπέτασα ἐπετάσθην	πέπταμαι	
πήγνυμι befestige πήγνυμαι werde fest, D. P.	πήξω παγήσομαι	ἔπηξα ἐπάγην	πέπηγα bin fest πηκτός	
πίμπλημι fülle an, tr. (vgl. πλήθω intr. bin voll)	πλήσω πλησθήσομαι	ἔπλησα ἐπλήσθην	πέπληκα πέπλησμαι	ἐμπίμπλημι (πληρόω — πλήρης, πλέως): τὴν θάλατταν τριήρων. ἐμπίμπλαμαι sättige mich, bekomme genug: σίτων καὶ ποτῶν.
πίμπρημι verbrenne, tr.	ἐμ-πρήσω ἐμ-πρησθήσομαι	ἐν-έπρησα ἐν-επρήσθην	ἐμ-πέπρηκα ἐμ-πέπρησμαι	
πίνω trinke Pass.	πίομαι ποθήσομαι	ἔπιον ἐπόθην	πέπωκα πέπομαι τὸ ποτόν	πίνω: ἡδέος οἴνου — τὸ φάρμακον.

Präsentia	Futura	Aoriste	Perfekta (Nomina)	Syntaktisches
πίπτω falle	πεσοῦμαι, -ῇ	ἔπεσον	πέπτωκα	ἐκπίπτω: Pass. zu ἐκβάλλω.
πλανάω führe irre, reg., gew. πλανάομαι irre umher	πλανήσομαι	ἐπλανήθην	πεπλάνημαι	πιστεύω vertraue: τοῖς θεοῖς, glaube: σοί τάδε — ταῦτ' ἀληθῆ εἶναι.
πλάττω forme, bilde Pass.	πλάσω πλασθήσομαι	ἔπλασα ἐπλάσθην	πέπλακα πέπλασμαι πλαστός, πλάσομαι	
πλέκω flechte Pass.	πλέξω πλακήσομαι	ἔπλεξα ἐπλάκην	πέπλεγμαι	πλεονεκτέω bin im Vorteil, vor jem. durch etw.: τινός τινι — στρατιωτῶν χρήμασι καὶ τιμαῖς.
πλέω fahre zu Schiff, segle	πλεύσομαι	ἔπλευσα	πέπλευκα	
παίω, τύπτω, πατάσσω, πλήττω schlage dagegen Pass. ἐκ-πλήττω erschrecke, tr. ἐκ-πλήττομαι erschrecke, intr. Ebenso κατα-πλήττω.	} παίσω πληγήσομαι ἐκ-πλήξω ἐκ-πλαγήσομαι	ἔπαισα, ἐπάταξα ἐπλήγην ἐξ-επλήξα ἐξ-επλάγην	πέπαικα πέπληγμαι — ἐκ-πέπληγμαι bin bestürzt	ἐκπλήττω: τοὺς ἀκουσομένους. ἐκπλήττομαι intr. erschrecke, vor jem., etw.: τὴν δύναμιν τῶν Ἀθην. wegen, durch: ταῖς οἴκοι κακοπραγίαις. ποιέω: εὖ, κακῶς τοὺς πολίτας — πολλὰ καὶ ἀγαθὰ τὴν πόλιν. ποιοῦμαι: περὶ πολλοῦ ὑμᾶς σῴζειν.
πνέω hauche, atme, öfter ἀνα-: atme auf	πνεύσομαι	ἔπνευσα	πέπνευκα	
πορεύω bringe, reg., gew. πορεύομαι marschiere, D. P.	πορεύσω πορεύσομαι	ἐπόρευσα ἐπορεύθην	πεπόρευκα πεπόρευμαι	
πράττω tue; befinde mich Med. tue für mich Pass.	πράξω πράξομαι πραχθήσομαι	ἔπραξα ἐπραξάμην ἐπράχθην	πέπραγα } πέπραγμαι πρακτός	πράττω befinde mich; εὖ, κακῶς, (εἰς) πράττω, -πράττομαι fordere, treibe ein: συμμάχους φόρον.
προθυμέομαι bin willig	προθυμήσομαι	προεθυμήθην	προτεθύμημαι	

Repetitionstabellen (πτήσσω — σβέννυμι) 27

πτήσσω ducke (mich) nieder; tr. u. intr.	πτήξω	ἔπτηξα	ἔπτηχα ὁ πτωχός Bettler	
πτύσσω falte, bes. in Komp. Pass.	πτύξω πτυχθήσομαι	ἔπτυξα ἐπτύχθην	— ἡ πτύξ Falte	
πυνθάνομαι erfrage, erfahre	πεύσομαι	ἐπυθόμην	πέπυσμαι ἄπυστος akt. u. pass.	πυνθάνομαι erfrage, erfahre: πάντα σαφῶς τῶν παραγενομένων ἐρφahre, daß (Tats.): Κύρου παρόντα, od. ὅτι Κ. πάρεστιν — (Gerücht): Κύρου παρεῖναι. πωλῶ : πολλοῦ magno, ὀλίγου parvo. τῶν πόνων πωλοῦσιν ἡμῖν πάντα τἀγάθ' οἱ θεοί.
πωλέω, ἀποδίδομαι, πιπράσκω } verkaufe Pass.	πωλήσω ἀποδώσομαι πραθήσομαι	ἐπώλησα ἀπεδόμην ἐπράθην	πεπώληκα πέπρακα πέπραμαι	
ῥέω fließe	ῥυήσομαι	ἐρρύην	ἐρρύηκα τὸ ῥεῦμα, περίρρυτος	
ῥήγνυμι zerreiße, tr. ῥήγνυμαι reiße, intr.; berste	ῥήξω ῥαγήσομαι	ἔρρηξα ἐρράγην	ἔρρωγα bin zerr. ἄρρηκτος	
ῥίπτω schleudere (Nbf. ῥιπτέω) Pass.	ῥίψω ῥιφθήσομαι	ἔρριψα ἐρρίφθην	ἔρριφα ἔρριμμαι	
ῥώννυμι stärke, bes. in Komp. Pass.	ῥώσω ῥωσθήσομαι	ἔρρωσα ἐρρώσθην	ἔρρωμαι ἡ ῥώμη — ἄρρωστος	
σβέννυμι tr. lösche aus (meist ἀπο-, κατα-). Pass. σβέννυμαι intr. erlösche	σβέσω σβεσθήσομαι σβήσομαι	ἔσβεσα ἐσβέσθην ἔσβην	ἔσβεσμαι ἔσβηκα	

Präsentia	Futura	Aoriste	Perfekta (Nomina)	Syntaktisches
σείω schüttle, erschüttere. Pass.	σείσω σεισθήσομαι	ἔσεισα ἐσείσθην	σέσεικα σέσεισμαι ὁ σεισμός	
σκάπτω grabe (meist κατα-) Pass.	σκάψω σκαφήσομαι	ἔσκαψα ἐσκάφην	ἔσκαφα ἔσκαμμαι	παρασκευάζομαι treffe Vorsorge, daß: ὅπως μὴ ἀποστήσονται.
σκεδάννῡμι zerstreue Pass.	σκεδῶ, -ᾷς σκεδασθήσομαι	ἐσκέδασα ἐσκεδάσθην	— ἐσκέδασμαι	
σκοπέω, gew. σκοπέομαι σκέπτομαι spähe, schaue	σκέψομαι	ἐσκεψάμην	ἔσκεμμαι, auch pass. σκεπτέον	σκοπῶ : τοῦτο σκεπτέον μοι δοκεῖ, ὅπως ὡς ἀσφαλέστατα μενοῦμεν.
σπάω ziehe, tr. Med. siehe für mich Pass.	σπάσω σπάσομαι σπασθήσομαι	ἔσπασα ἐσπασάμην ἐσπάσθην	ἔσπακα } ἔσπασμαι	
σπείρω säe, besäe Pass.	σπερῶ, -εῖς σπαρήσομαι	ἔσπειρα ἐσπάρην	ἔσπαρκα ἔσπαρμαι	
σπένδω gieße aus σπένδομαι schließe einen Vertrag	σπείσω σπείσομαι	ἔσπεισα ἐσπεισάμην	ἔσπεικα ἔσπεισμαι	σπένδομαι : σπονδάς, εἰρήνην – Ἀθηναίοις καὶ Λάκωσιν.
σπουδάζω bin eifrig	σπουδάσομαι	ἐσπούδασα	ἐσπούδακα, pass.	σπεύδω, σπουδάζω : bin eifrig, intr. λαμπρὸν ποιεῖσθαι τὸν βίον. tr. betreibe eifrig, beschleunige: τὰς περὶ τὸ μανθάνειν ἡδονάς, erstrebe: ἀσπούδαστα.
στέλλω sende Pass.	στελῶ, -εῖς σταλήσομαι	ἔστειλα ἐστάλην	ἔσταλκα ἔσταλμαι	
στενάζω seufze	στενάξω	ἐστέναξα	ἐστέναγμαι ὁ στεναγμός	
ἀπο-στερέω beraube (Nbf. στερίσκω) Pass. στέρομαι bin beraubt (nur Präs. u. Impf.)	ἀπο-στερήσω ἀπο-στερήσομαι	ἀπ-εστέρησα ἀπ-εστερήθην	ἀπ-εστέρηκα ἀπ-εστέρημαι	ἀποστερῶ : στρατιώτας μισθόν, od. στρατιώτας μισθοῦ. Pass. οἱ στρατιῶται ἐστερήθησαν μισθὸν od. μισθοῦ.

Repetitionstabellen (στρέφω — τείνω)

στρέφω drehe　　　Pass. στρέφομαι drehe mich, D.P. κατα-στρέφομαι unterwerfe mir　　Pass.	στρέψω } στραφήσομαι κατα-στρέψομαι κατα-στραφήσομαι	ἔστρεψα ἐστράφην κατ-εστρεψάμην κατ-εστράφην	ἔστροφα ἔστραμμαι } κατ-έστραμμαι	στρεπτός
στρώννῡμι breite hin　　　Pass.	στρώσω στρωθήσομαι	ἔστρωσα ἐστρώθην	— ἔστρωμαι	στρωτός τὸ στρῶμα
σφάλλω bringe zu Fall; mache irre σφάλλομαι irre mich; habe Unglück	σφαλῶ, -εῖς σφαλήσομαι	ἔσφηλα ἐσφάλην	ἔσφαλκα ἔσφαλμαι	σφάλλομαι täusche mich in etwas: τῆς ἐλπίδος. gehe verlustig: ἀνδρὸς τοιοῦδε.
σφάττω schlachte　　　Pass.	σφάξω σφαγήσομαι	ἔσφαξα ἐσφάγην	— ἔσφαγμαι	
σῴζω rette Med. rette, erhalte mir Pass. rette mich und werde gerettet	σώσω σώσομαι σωθήσομαι	ἔσωσα ἐσωσάμην ἐσώθην	σέσωκα — σέσωσμαι	
ταράττω verwirre　　　Pass.	ταράξω ταράξομαι	ἐτάραξα ἐταράχθην	τετάραγμαι	ἡ ταραχή ὁ ταραγμός
τάττω ordne Med. ordne für mich; Pass. ordne mich	τάξω τάξομαι ταχθήσομαι	ἔταξα ἐταξάμην ἐτάχθην	τέταχα } τέταγμαι	τακτός, ἡ τάξις ἐπιτάττω προστάττω } trage auf, befehle: τινί τι, ὑμῖν πορεύεσθαι. pass. ἐπιτάττομαί τι, od. ἐπιτάττεταί μοί τι.
τείνω spanne, strecke　　　Pass.	τενῶ, -εῖς ταθήσομαι	ἔτεινα ἐτάθην	τέτακα τέταμαι	

Präsentia	Futura	Aoriste	Perfekta (Nomina)	Syntaktisches
τελέω vollende; bezahle Pass.	τελῶ, -εῖς τελεσθήσομαι	ἐτέλεσα ἐτελέσθην	τετέλεκα τετέλεσμαι	διατελῶ m.Part. bin fortwährend: ἑπτὰ ἡμέρας μαχόμενοι διετέλεσαν.
τέλλω vollende, poet.; pros. nur in Kompos., z. B. ἐπι-τέλλω trage auf Med. befehle (von mir aus)	ἐπι-τελῶ, -εῖς ἐν-τελοῦμαι, -ῇ	ἐπ-έτειλα ἐν-ετειλάμην	ἐπι-τέταλκα ἐν-τέταλμαι, Pass.	ἐπι-τέλλω befehle, poet., in Prosa gew. ἐν-τέλλομαι befehle; τινί τι — ταῖς πόλεσιν ὁδοποιεῖν.
τέμνω schneide Pass.	τεμῶ, -εῖς τμηθήσομαι	ἔτεμον ἐτμήθην	τέτμηκα τέτμημαι	
τήκω schmelze, tr. gew. τήκομαι zerschmelze	τήξω τακήσομαι	ἔτηξα ἐτάκην	— τέτηκα bin zerschm.	
τίθημι setze, lege Med. lege für mich Pass.	θήσω θήσομαι τεθήσομαι	ἔθηκα, ἔθεμεν ἐθέμην ἐτέθην	τέθηκα — κεῖμαι	ἐπιτίθεμαι greife an: πολεμίοις. ἐπίκειμαι bedränge: διαβαίνουσιν. προτίθημι ziehe vor: δόξαν χρημάτων.
τίκτω gebäre	τέξομαι	ἔτεκον	τέτοκα τὸ τέκνον	τίκτω: Pass. γίγνομαι. τιμᾶν, τιμᾶσθαί τι πολλοῦ: alqd. magni aestimare.
τίνω bezahle; büße Med. bestrafe; räche mich	τείσω τείσομαι	ἔτεισα ἐτεισάμην	τέτεικα τετείσμαι	τιμωρέω helfe: τινι — ἀλλήλοις. τιμωροῦμαι räche mich: τινά τινος. τίνω: δίκην, ὕβριν — χάριν.
τιτρώσκω verwunde Pass.	τρώσω τρωθήσομαι	ἔτρωσα ἐτρώθην	τέτρωκα τέτρωμαι	
τρέπω wende Med. wende für mich wende mich Pass.	τρέψω τρέψομαι τρέψομαι τραπήσομαι	ἔτρεψα, ἔτραπον ἐτρεψάμην schlug in die Flucht ἐτραπόμην ἐτράπην wurde gewandt u. wandte mich	τέτροφα τέτραμμαι } τετραμμένος	ἀποτρέπω wende ab: ἡμῶν βλάβην. halte ab: ὑμᾶς ἀδικίας. ἐπιτρέπω wende zu: ὑμῖν τὴν ἀρχήν. überlasse: Ἕλλησι τὴν χώραν διαρπάσαι. gestatte: μηδενὶ κακῷ (κακόν) εἶναι. προτρέπω treibe an: τοὺς νέους εἰς ἀρετήν — τοὺς συνόντας ἀληθεύειν.

τρέφω nähre Med. Pass.	θρέψω θρέψομαι	ἔθρεψα ἐθρεψάμην ἐτράφην	τέτροφα — τέθραμμαι θρεπτός	
τρέχω laufe θέω (nur Präs. u. Impf.)	δραμοῦμαι, -ῇ	ἔδραμον	δεδράμηκα	
τρίβω reibe Pass.	τρίψω τριβήσομαι	ἔτριψα ἐτρίβην	τέτριφα τέτριμμαι	
τυγχάνω treffe; erlange (τινός)	τεύξομαι	ἔτυχον	τετύχηκα	τυγχάνω treffe: σκοποῦ. (ἀποτυγχάνω verfehle.) erlange: τῆς ἀξίας τιμῆς — (παρά) τῶνδε συγγνώμης. τυγχάνω m. Part.: παρὼν ἐτύγχανεν.
ὑποπτεύω argwöhne	ὑποπτεύσω	ὑπώπτευσα	ὑπώπτευκα	
φαίνω zeige Med. zeige von mir aus Pass.	φανῶ, -εῖς φανοῦμαι, -ῇ φανθήσομαι	ἔφηνα ἐφηνάμην ἐφάνθην	πέφαγκα — πέφασμαι	(ἀπο)φαίνω: ταῦτ' ἀληθῆ ὄντα, od. ὅτι ταῦτ' ἀληθῆ ἐστιν. ἀποφαίνομαι lege dar: γνώμην.
φαίνομαι zeige mich, erscheine, D. P.	φανοῦμαι φανήσομαι	ἐφάνην	πέφηνα	φαίνομαι φθονῶν es zeigt sich, ist klar, daß ich (apparet); φθονεῖν es scheint, daß ich (videor).
φείδομαι schone (τινός)	φείσομαι	ἐφεισάμην	πέφεισμαι	φειδώμεσθ' ἀνδρῶν εὐγενῶν.
φέρω trage Med. trage für mich Pass. werde getragen	οἴσω οἴσομαι, auch pass. ἐνεχθήσομαι	ἤνεγκον ἤνεγκα ἠνεγκάμην ἠνέχθην	ἐνήνοχα } ἐνήνεγμαι	φέρω χαλεπῶς ärgere mich, über: τοῖς παροῦσι πράγμασιν. daß ich: λοιδορούμενος (od. ὅτι). διαφέρω (διάφορος) bin verschie- den von, unterscheide mich von: ἀπάντων ἀρετῇ.
φέρομαι eile, stürze διαφέρομαι streite	ἐνεχθήσομαι δι-οίσομαι	ἠνέχθην δι-ηνέχθην	ἐνήνεγμαι δι-ενήνεγμαι	διαφέρομαι streite mit: τοῖς πονηροῖς. συμφέρει es nützt: πᾶσι σωφρονεῖν.
φεύγω fliehe (τινά)	φεύξομαι	ἔφυγον	πέφευγα φευκτέον	φεύγω· ἡδονάς, μικρὸν ἐξέφυγε μὴ καταπετρωθῆναι.

Präsentia	Futura	Aoriste	Perfekta (Nomina)	Syntaktisches
φημί sage, s. λέγω ἔφην, ἐφησθα — φῶ — φαίην — φάθι — φάναι — φάσκων	φήσω	ἔφησα		οὔ φησι ταῦτ' ἀληθῆ εἶναι.
φθάνω überhole, komme zuvor (τινά ποιῶν τι)	φθήσομαι	ἔφθην ἔφθασα	ἔφθακα	φθάνω: ἔφθησαν τοὺς Πέρσας ἀφικόμενοι εἰς τὴν πόλιν.
φθείρω verderbe, tr. (meist δια-). Pass.	δια-φθερῶ, -εῖς δια-φθαρήσομαι	δι-έφθειρα δι-εφθάρην	δι-έφθαρκα δι-έφθαρμαι	φθονέω beneide jem. wegen: τινί φθονοῦμαι: mihi invidetur. [τινος.
φοβέω schrecke, verscheuche, gew. φοβέομαι fürchte mich (vor, τινά)	φοβήσω φοβήσομαι	ἐφόβησα ἐφοβήθην	πεφόβηκα πεφόβημαι	φοβῶ: τοὺς πολεμίους. φοβοῦμαι: αὐτούς, μὴ ἐπιθῶνται. ἐφοβεῖτο, μὴ οὐ δύναιτο ne non. φοβοῦμαι εἰπεῖν vereor dicere.
φράζω zeige; sage φράζομαι nehme wahr; überlege; denke	φράσω φράσομαι	ἔφρασα ἐφρασάμην ἐφράσθην	πέφρακα πέφρασμαι	φρονέω: μέγα ἐπ' ἀρετῇ bin stolz auf —. καταφρονέω verachte: τοῦ κινδύνου.
φυλάττω bewache Med. hüte mich (vor, τινά) Pass.	φυλάξω φυλάξομαι φυλάξομαι	ἐφύλαξα ἐφυλαξάμην ἐφυλάχθην	πεφύλαχα πεφύλαγμαι φυλακτέον	φροντίζω kümmere mich um etw.: τῶν ἀνθρωπίνων οὐδέν. sorge dafür, daß: ὅπως κτήσομαι. φυλάττομαι: κόλακας — διαβολάς. φύλαξαι, (ὅπως) μὴ πέσῃς (πεσῇ) — (τὸ) μὴ πεσεῖν.
φύω erzeuge φύομαι entstehe	φύσω φύσομαι	ἔφυσα ἔφυν	πέφυκα bin von Natur	
χαίρω freue mich τινός — ἐπί τινι	χαιρήσω	ἐχάρην	κεχάρηκα bin erfreut	
χειρόομαι überwältige Pass.	χειρώσομαι χειρωθήσομαι	ἐχειρωσάμην ἐχειρώθην	κεχείρωμαι	ἐπιχειρῶ unternehme, versuche: ἀδυνάτοις — διώκειν.

Repetitionstabellen (χέω — ὠνέομαι)

χέω gieße Med. gieße für mich (τινί) Pass.	χέω χέομαι χυθήσομαι	ἔχεα ἐχεάμην ἐχύθην	κέχυκα — κέχυμαι	
χράομαι gebrauche (τινί) Pass.	χρήσομαι χρησθήσομαι	ἐχρησάμην ἐχρήσθην	κέχρημαι — τὸ χρῆμα, χρηστός	χρῶμαι: ξύλοις ἐχρῶντο τοῖς ὀϊστοῖς. τί βούλεται ἡμῖν χρήσθαι; (wozu?) χρήσεται ἡμῖν εἰς (πρός) φυλακάς.
χράω gebe Orakel Med. befrage das Orakel Pass. das Orakel wird mir erteilt	χρήσω χρήσομαι χρησθήσεται	ἔχρησα ἐχρησάμην ἐχρήσθη	κέχρησται τὸ χρηστήριον, ὁ χρησμός	
ἀπο-, ἐκ-} κατα-} χράω genüge (Inf. -χρῆν)	ἀπο-χρήσει	ἀπ-ἐχρησε(ν)	—	
χρή es ist nötig, man muß χρῆν u. ἐχρῆν — χρῇ — χρείη — χρῆναι — τὸ χρεών	—	—	—	Χρή τοὺς εὖ πράττοντας τῆς εἰρήνης ἐπιθυμεῖν. τί σιγᾷς; οὐκ ἐχρῆν σιγᾶν, τέκνον.
χρίω bestreiche, salbe Pass.	χρίσω χρισθήσομαι	ἔχρισα ἐχρίσθην	κέχρικα κέχριμαι τὸ χρίμα, χριστός	
ψεύδω täusche Med. betrüge, lüge Pass. werde betrogen; täusche mich	ψεύσω ψεύσομαι ψευσθήσομαι	ἔψευσα ἐψευσάμην ἐψεύσθην	ἔψευκα ἔψευσμαι	ψαύω berühre: ἡ 9ους δικαίου φαῦλος οὐ ψαύει λόγος. ψεύδω: οἱ θεοὶ ψεύδουσί με. ψεύδομαι betrüge: Κῦρον πάντα. täusche mich: γνώμης in der M. τοῦτο οὐκ ἐψεύσθησαν darin —
ὠθέω stoße Med. stoße mich; von mir Pass.	ὤσω ὤσομαι ὠσθήσομαι	ἔωσα ἐωσάμην ἐώσθην	ἔωκα ἔωσμαι ἔωσμαι	ὠνοῦνται οἱ Σκύθαι τὰς γυναῖκας χρημάτων μεγάλων.
ὠνέομαι kaufe (τί τινος) Pass.	ὠνήσομαι ὠνηθήσομαι	ἐπριάμην ἐωνήθην	ἐώνημαι ἐώνημαι	ὠφελῶ nütze: μέμνησο πλουτῶν τοὺς πένητας ὠφελεῖν.

Beispiele zu den Hauptregeln der Syntax

Kongruenz

§ 113. Das Subjekt ist ein Neutrum Pluralis: Πάντα τὰ δίκαια καλά ἐστιν.
ein Dual: Δύο ἄνδρε τέθνατον od. τεθνᾶσιν.

Mask. od. Fem. als Subj. haben oft das Präd.-Adj. im Neutrum bei sich: Οὐκ ἀγαθὸν πολυκοιρανίη — *triste senex miles*.
Pronominales Subj. assim. sich Präd.-Subst. doch nicht notwendig: Οὗτοι νόμοι εἰσίν — αὕτη ἄλλη πρόφασις ἦν — ταῦτα φλυαρίας εἶναι λέγω.

Adjektive statt deutscher Adverbien (Ort, Zeit, Weise, Reihenfolge, Gemütszustand): Σκηνοῦμεν ὑπαίθριοι — τριταῖοι ἐγένοντο — σκοταῖοι κατέβαινον — προτέρα ἀφίκετο — ἑκοῦσαι ἔδοσαν — *primus, laetus advensit*.

Artikel

§ 115. Der Artikel steht entweder individuell: Ὁ σοφὸς ἐν αὑτῷ περιφέρει τὴν οὐσίαν.
πολλοί, οἱ πολλοί — ὁ τοιοῦτος ἀνήρ.
od. generell: Νικᾷ ὁ μείων τὸν μέγαν δίκαι' ἔχων.
ὁ βουλόμενος — ὁ τυχών.

§ 116. Der Artikel steht abweichend vom Deutschen: ὁ ἐμὸς πατήρ — οὗτος ὁ ἄνθρωπος — οὗ τὸ εὖρος — ἡμεῖς οἱ Ἕλληνες — τὰ δύο μέρη.
τὼ παῖδε ἀμφοτέρω — ἕκαστον (τὸ) ἔθνος — (πᾶς, 121).

Repetitionstabellen (Artikel, Pronomen) 35

§ 117. fehlt abweichend vom Deutschen	
bei Prädikativen:	Αἱ δεύτεραί πως φροντίδες σοφώτεραι.
bei persönlichen Begriffen:	Πάντων μέτρον ἄνθρωπός ἐστιν.
bei Gattungsnamen:	ἐπὶ θάνατον ἄγειν — ἐν ἄστει — βασιλεύς.
	aber: ἐγώ ὁ αὐτός εἰμι — δυοῖν θάτερον τὸ τεθνάναι — Σωκράτης ὁ Ἀθηναῖος — ἡ Εὐρώπη.
§ 118. Attributive Stellung zeigen besonders pron. possess. und refl. und attributive Genetive: auch Adverbialien:	ὁ ἀγαθὸς ἀνήρ oder ὁ ἀνήρ ὁ ἀγαθός. ἡ ἐμὴ τύχη — τὴν ἑαυτοῦ θυγατέρα — ἡ τῶν Περσῶν ἀρχή — aber auch? οἱ τότε ἄνθρωποι — τὸ ἐν Πλαταιαῖς ἔργον.
§ 119. Prädikative Stellung zeigen bes. pron. pers. und demonstr. und die partitiven Gen.:	ἀγαθός ὁ ἀνήρ od. ὁ ἀνὴρ ἀγαθός (sc. ἐστίν od. ὤν), ὁ πατήρ μου, τὸν παῖδα αὐτῆς — οὗτος ὁ ἀνθρ. οἱ πλεῖστοι τῶν πολεμίων.
§ 120. Beide Stellungen mit verschiedener Bedeutung:	ὁ αὐτὸς βασιλεύς *idem rex*, ὁ βασιλεὺς αὐτός *rex ipse*. ἡ μέση πόλις, aber μέση ἡ πόλις (die Mitte der Stadt).
§ 121. Πᾶς (ebenso ἅπας, σύμπας, ὅλος):	ἡ πόλις πᾶσα, πᾶσα ἡ πόλις die ganze Stadt. αἱ πόλεις πᾶσαι, πᾶσαι αἱ πόλεις alle Städte. ἡ πᾶσα πόλις die gesamte Stadt. πᾶσα πόλις (πόλις πᾶσα) jede Stadt; eine ganze Stadt.
§ 122. Der Artikel substantiviert:	τὸ κακόν, οἱ νῦν, τὰ οἴκοι, οἱ ἀμφὶ Κῦρον — τὸ γνῶθι σαυτόν, τὸ ἀκριβῶς τοῖς νόμοις πείθεσθαι.

Pronomen

§ 123. Das Reflexivpronomen steht entw. direkt:	σύνοιδα ἐμαυτῷ — γνῶθι σαυτόν.
oder indirekt:	Ὀρέστης ἔπεισεν Ἀθηναίους ἑαυτὸν κατάγειν.

Repetitionstabellen (Pronomen, Akkusativ)

Das indirekte Refl. wird ersetzt d. αὐτοῦ usw. oder durch οἱ, σφίσιν:	Λέγουσι Ξενοφῶντι, ὅτι μεταμέλει αὐτοῖς (se paenitere). Κῦρος ἠξίου βοηθῆναι οἱ (sibi) τὰς πόλεις.
§ 124. Possessivpronomina, Stellung (vgl. § 118 u. 119):	Κἀπὶ τοῖς σαυτῆς κακοῖσι κἀπὶ τοῖς ἐμοῖς γελᾷς. Ἀστυάγης τὴν ἑαυτοῦ θυγατέρα μετεπέμψατο καὶ τὸν παῖδα αὐτῆς — τοῖς ὑμετέροις αὐτῶν ὀφθαλμοῖς.
§ 126. Relativpronomina ὅς, οἷος usw. individuell: ὅστις, ὁποῖος usw. generell:	Ἔστιν Δίκης ὀφθαλμός, ὃς τὰ πάνθ᾽ ὁρᾷ. Μακάριος, ὅστις οὐσίαν καὶ νοῦν ἔχει.
Attraktion des Relativs; das Beziehungswort ist ein Demonstrativum; ein Substantivum:	Ἄξιοι ἔσεσθε τῆς ἐλευθερίας, ἧς κέκτησθε. Οἱ Χρησμῳδοὶ ἴασαιν οὐδὲν ὧν λέγουσιν.
Attractio inversa:	Ἡριππίδας ἐπορεύετο σὺν ᾗ εἶχε δυνάμει.
Anakoluth statt eines zweiten Relativs in versch. Kasus:	Ἀνεῖλεν αὐτῷ θεοῖς οἷς ἔδει θύειν.
§ 127. Indefinites Pron. steigernd:	Καὶ νῦν τί χρὴ δρᾶν, ὅστις ἐμφανῶς θεοῖς ἐχθαίρομαι, μισεῖ δέ μ᾽ Ἑλλήνων στρατός; θαυμαστή τις ἀνδρεία admirabilis quaedam virtus.

Kasus

Akkusativ

§ 130. Äußeres Objekt bei nützen, schaden usw.: fliehen, entgehen usw.: sich schämen usw.:	Μέμνησο πλουτῶν τοὺς πένητας ὠφελεῖν. Οὐδεὶς ποιῶν πονηρὰ λανθάνει θεόν. Ἠισχύνθημεν καὶ θεοὺς καὶ ἀνθρώπους.
§ 131. ursprüngl. Intrans.:	μένω (warte u. erwarte); πλεῖν τὴν θάλατταν. διαβαίνω ποταμόν — παραβαίνω τοὺς νόμους.
§ 132. Doppelter Akkusativ des Obj. und Präd.-N.:	Δαρεῖος Κῦρον σατράπην ἐποίησεν (pass.?).
§ 133. der Pers. und Sache:	Ἀναμνήσω ὑμᾶς τοὺς κινδύνους.

Repetitionstabellen (Akkusativ, Genetiv)

§		
§ 134.	Das innere Objekt ist ein stammverw. Subst.:	δεινὴν μάχην μάχεσθαι – μέγιστον ἀγῶνα ἀγωνίζεσθαι.
	ein sinnverw. Subst.:	μεγάλην μάχην νικᾶν – τὸν ἱερὸν πόλεμον στρατεῦσαι.
	ein Attribut:	Ὀλύμπια νικᾶν = Ὀλυμπικὴν νίκην νικᾶν.
		δεινὰ ὑβρίζειν – ἡδὺ γελᾶν – οὐδὲν φροντίζειν.
§ 135.	Doppelter Akk., des äußeren u. inneren Obj.:	Λακεδαιμόνιοι πολλὰ τὴν πόλιν ἠδικήκασιν.
§ 136.	Akkusativ der Beziehung (os umerosque similis):	Τυφλὸς τά τ' ὦτα τόν τε νοῦν τά τ' ὄμματ' εἶ.
§ 137.	der Ausdehnung (wie weit? wie lange?):	οὐ μεῖον ἢ μύρια στάδια – πολὺν χρόνον.
		τριάκοντα ἔτη γεγονὼς – εἰς Ἀθήνας.
§ 138.	adverbial:	οὐδέν, τί, (τά) πάντα, τἆλλα, τοῦτον τὸν τρόπον,
		τὸ λοιπόν, τὴν ταχίστην, ἀρχὴν οὔ, πρόφασιν.

Genetiv

§		
§ 140.	Der Gen. possessoris (auctoris):	ἡ Κύρου στρατιά – ἱερὸς Ἀρτέμιδος – τὸ τοῦ
		Σόλωνος – ἀνδρὸς σοφοῦ (ἐμόν) ἐστιν.
		Οἱ στέφανοι οὐκ Ἴων ἢ ῥόδων ἦσαν, ἀλλὰ χρυσίου.
§ 141.	materiae	ἡ τῆς πατρίδος σωτηρία – δι' αἰσχύνην ἀλλήλων.
	obi. bei Verbalsubstantiven:	Ἀλῶναι τῆς κακώσεως τῶν γονέων – αἴτιος κακῶν.
	bei gerichtl. Ausdrücken:	Ἄνθρωπος ὢν μέμνησο τῆς κοινῆς τύχης. – ἐπιμελής.
	bei begierig, eingedenk usw.:	Ἔτ' ἔστι καὶ σοὶ τῶνδε συγγνώμης τυχεῖν.
	bei anfassen, erlangen usw.:	
§ 142.	partitivus steht präd. und ist überall	Οἱ σοφοὶ τῶν ἀνθρώπων – ἕτεμον τῆς γῆς –
	zulässig, wo ein Teilverhältnis vorliegt:	Ὀλίγοι σίτου ἐγεύσαντο – Σωκράτης τὸ φάρμακον ἔπιεν.
	Merke:	καινόν τι aliquid novi, οὐδὲν ἀγαθὸν nil boni,
		αἱ ἐφορούρων δύο der en zwei – quos multos habeo.
		ὁ λοιπὸς τοῦ χρόνου, τῆς γῆς τὴν πολλήν.

Repetitionstabellen (Genetiv, Dativ)

§		Beispiel
§ 143.	Der Gen. qualitatis bei Zahlbestimmungen:	τεῖχος τὸ εὖρος εἴκοσι ποδῶν – ἦν τριάκοντα ἐτῶν.
§ 144.	temporis ohne Attr.: wann?	νυκτὸς καὶ ἡμέρας, θέρους, χειμῶνος.
	mit Attr.:	πολλοῦ χρόνου seit –, δέκα ἡμερῶν innerhalb –.
§ 145.	separationis:	Ἀπέχει ἡ Πλάταια τῶν Θηβῶν σταδίους ἑβδομήκοντα.
§ 146.	comparationis:	Σιγή ποτ' ἐστὶν αἱρετωτέρα λόγου.
§ 148.	causae bei Ausdr. d. Gemütsbewegung:	Εὐδαιμονίζω ὑμᾶς τῆς ἐλευθερίας, ἧς κέκτησθε.
§ 149.	pretii bei kaufen, schätzen u. ä.:	Τῶν πόνων πωλοῦσιν ἡμῖν πάντα τἀγάθ' οἱ θεοί.
§ 150.	bei Präpositionalkomposita:	ἀποτρέπω – ἐκβάλλω – καταγιγνώσκω – προαιροῦμαί τινος.

Dativ

§		Beispiel
§ 152.	Der Dat. der beteiligten Person od. Sache:	Ἡ μωρία δίδωσιν ἀνθρώποις κακά.
§ 153.	commodi (und incommodi):	Ἕκαστος γεγένηται καὶ τῇ πατρίδι.
§ 154.	ethicus:	Μή μοι θορυβήσητε – οὗτος ἔχει σοι ταῦτα.
	auctoris (= ὑπό mit Gen.):	Ἐὰν ἐκεῖ νικῶμεν, πάνθ' ἡμῖν πεποίηται.
	relationis (des Standpunkts):	Καλῶς ἔλεξεν εὐλαβουμένῳ πεσεῖν.
		γίγνεταί μοι βουλομένῳ.
§ 155.	sociativus:	Σοφοῖς ὁμιλῶν καὐτὸς ἐκβήσῃ σοφός.
		Θεῷ μάχεσθαι δεινόν ἐστι καὶ τύχῃ.
		ὀλίγῳ στρατεύματι ἐπέπεσθαι.
§ 156.	instrumenti:	Οὐδεὶς ἔπαινον ἡδοναῖς ἐκτήσατο.
	causae:	Ἀβουλίᾳ τὰ πολλὰ βλάπτονται βροτοί.
	(bei Verben der Gemütsbew. auch mit ἐπί):	Χαίρειν ἐπ' αἰσχραῖς ἡδοναῖς οὐ χρή ποτε.
	modi:	Λόγῳ γὰρ ἦσαν οὗτοι, οὐκ ἔργῳ φίλοι.
	differentiae (mensurae):	Πολλῷ κρεῖττον, πολλοῖς ἔτεσιν ὕστερον (πολύ, οὐδέν).

§ 157. temporis ohne ἐν bei Daten: ταύτῃ τῇ ἡμέρᾳ – Παναθηναίοις.
mit ἐν („während"): Ἐν νυκτί βουλὴ τοῖς σοφοῖσι γίγνεται.
§ 158. bei Präpositionalkomposita: σύνειμι, ἔνειμι, ἐπιτίθεμαι, πάρειμί τινι.

Präpositionen

Im allgemeinen stehen Präpositionen

mit dem Gen. auf die Fragen woher? wovon? (Ausgang; Anteil);
mit dem Dat. auf die Fragen wo? womit? (Ruhe; Beisammensein);
mit dem Akk. auf die Fragen wohin? wie weit? (Ziel; Erstreckung).

Gebrauch und Bedeutung

		Genetiv	Dativ	Akkusativ
mit einem Kasus	ἀντί ἀπό	anstatt von – weg von – herab aus, infolge vor für	ἀντὶ τοῦ βελτίονος, ἀπὸ τοῦ ποταμοῦ, – τῶν ἵππων. ἐκ τῆς πόλεως, νόσου, πρὸ τῆς θύρας, μάχης, – τῆς πατρίδος.	
	ἐκ, ἐξ πρό			
	ἐν σύν		in, innerhalb ἐν τῇ πόλει, σπουδαῖς. mit σὺν Κύρῳ, τοῖς ὅπλοις.	
	εἰς ἀνά			in – hinein εἰς τὴν πόλιν. hinauf ἀνὰ τὸν ποταμόν, über – hin – τὸ πεδίον. zu – hin ὡς βασιλέα.
	ὡς			

Repetitionstabellen (Präpositionen)

		Genetiv		Dativ		Akkusativ
mit zwei Kasus	διά	durch	διὰ τοῦ πεδίου.			wegen	διὰ τὴν νόσον.
	κατά	von — herab, gegen	κατὰ τῶν ὁρῶν, — Φιλίππου.			hinab, durch — hin, gemäß, nach	κατὰ τὸν ποταμόν, — τοὺς ἀγρούς, — τοὺς νόμους.
	μετά	mit	μετὰ Κύρου.			nach, *post*	μετὰ τὴν μάχην.
	ὑπέρ	über, *super*, für, *pro*	ὑπὲρ τῆς γῆς, — κώμης, — τῆς πατρίδος.			über — hinaus	ὑπὲρ τὰ ὅρια, — δύναμιν.
mit drei Kasus	ἀμφί	[um, *de*	ἀμφὶ τούτων].	[um, wegen	ἀμφ' Ὀδυσσῆι].	um	ἀμφὶ Κῦρον, — μέσας νύκτας.
	ἐπί	auf (in Richtung) auf (Zeit), unter (Zeit)	ἐπὶ ἅρματος, ὄρους, — Ἰωνίας, — Κροίσου.	auf, über (Aufsicht), unter (Abhäng.), auf Grund von	ἐπὶ ταῖς ναυσίν, — τῷ στρατεύματι, — τῷ βασιλεῖ, — αἰσχραῖς ἡδοναῖς, — Ξανάτρῳ, βλάβῃ.	auf — zu, nach	ἐπὶ Σοῦσα, τὰ ὅπλα, — ὕδωρ, λείαν, — τοὺς συμμάχους, — τοὺς Πέρσας.
	παρά	von — her, von seiten	παρὰ βασιλέως, — θεῶν.	zum Zwecke, bei, neben	παρὰ τοῖς Πέρσαις, — τῷ βωμῷ.	gegen, freundl. feindl., neben — hin, zu, an — vorbei, längs, während	παρὰ τὴν γέφυραν, — τὸν ποταμόν, — τοὺς νόμους, — τὸν πόλεμον.
	περί	über, *de*	περὶ τῆς εἰρήνης.	περὶ στήθεσσι].	um	περὶ Κῦρον, τὰ δεῖνα.
	πρός	von — her, von seiten	πρὸς τῆς Θρᾴκης, — πατρός.	bei, an, außer	πρὸς ταῖς πηγαῖς, — τῷ πόντῳ.	gegen — hin, zu, nach	πρὸς βασιλέα, τὴν ἕω, — χάριν, ἀρετήν.
	ὑπό	von unten her, unter, von, *ab c. Abl.*, vor	ὑπὸ γῆς ἐλθεῖν, — γῆς οἰκεῖν, — τῶν Ἑλλήνων, — λύπης, λιμοῦ.	unter, *sub c. Abl.*	ὑπὸ τῷ οὐρανῷ, — τῇ ἀκροπόλει, — τυράννοις.	unter — hin, *sub c. Acc.*	ὑπὸ τὰ δένδρα, τὸ τεῖχος, νύκτα. ὑφ' ἑαυτοὺς ποιεῖσθαι.

Die Genera und Tempora des Verbs

§ 162. Das Medium steht direkt (akkusativisch):		λούομαι, ἐνδύομαι — παύομαι, φαίνομαι.
	indirekt (dativisch):	αἱροῦμαι, μεταπέμπομαι, φυλάττομαι — παρέχομαι.
	„dynamisch":	πολιτεύεσθαι, πόλεμον ποιεῖσθαι.
	kausativ:	δικάζομαι, μισθοῦμαι, ποιοῦμαι lasse mir –.
§ 163. Auch Intrans. bilden ein persönl. Passiv:		φυγεῖν — φεύγειν — πεφευγέναι.
§ 164. Untersch. punktuelle, lineare, result. Aktionsart.		ἔφυγον (Vgl.) — φεύγω (Ggw.) — φεύξομαι (Zuk.).
Nur der Ind. bezeichnet auch die Zeitstufe:		Ἔπειθον, καὶ οὓς ἔπεισα, τούτους ἔχων ἐπορευόμην.
§ 165. Ind. praes. u. impf. stehen	konativ:	Πλοῖον ἐς Δῆλον ἔπεμπον (πέμπουσιν, ἀλλjährlich).
	durativ, iterativ:	νικῶ, ἀδικῶ — ἧκω (ἥκον) u. οἴχομαι (ᾠχόμην).
	perfektisch (resultativ):	ἐνόησε, ἀπέθανε — Ἱππίας ἔσχε τὴν ἀρχήν.
	ingressiv und effektiv:	ᾔσθου, εἶδον, ἐνίκησα: veni, vidi, vici.
Ind. aor. steht	historisch:	Ἐβασίλευσε (war König) πεντήκοντα ἔτη.
	komplexiv:	'Ρεχθὲν δέ τε νήπιος ἔγνω (.. erkennt…).
	gnomisch:	ἀπὸ τῆς ἀρχῆς, ἧς αὐτὸν ἀστράπην ἐποίησεν (… hatte).
	„plusquamperf." in Nebens.:	Σκεπτέον, ὅπως τὰ ἐπιτήδεια ἕξομεν.
Ind. fut. steht sowohl ingressiv: als durativ:		Ὁ δίκαιος ἀνὴρ εὖ βιώσεται, κακῶς δὲ ὁ ἄδικος.
§ 166. Die Nebenmodi u. Inf. bezeichnen nur die Aktionsart:		εἴπωμεν ἢ σιγῶμεν; — εἰπεῖν δεῖ ἢ σιγᾶν;
Imper. praes. steht bei dauernder Handlung:		Ζεῦ, Ζεῦ τέλειε, τὰς ἐμὰς εὐχὰς τέλει.
aor. aber bei einmaliger Handlung:		Ζεῦ, Ζεῦ, θεωρὸς τῶνδε πραγμάτων γενοῦ.
§ 167. Partizipia haben scheinbar relative Zeitbedeutung:		ταῦτ' εἰπὼν ἀποβαίνει — ἀπέβη — ἀποβήσεται.
§ 168. Opt. u. Inf. bezeichnen in oratio obliqua die Zeitstufe, wenn sie einen Indikativ der dir. Rede vertreten:		
		Ἔλεγον, ὅτι διαβατὸς γένοιτο (gewesen sei; dir. ἐγένετο).
		Ἐλέγετο δοῦναι Κύρῳ χρήματα (gegeben habe; dir. ἔδωκε).

Die Modi des Verbs

a) Die Modi im Hauptsatz, unabhängig vom Deutschen

§ 169. Der Indikativ der Nebentempora steht abweichend vom Deutschen

1. Imperf. ohne ἄν bei können, sollen, müssen: ἔδει, ἐχρῆν, προσῆκεν u. ä. *oportet, decet, oportebat, decebat*. Τί σιγᾷς; οὐκ ἐχρῆν σιγᾶν, τέκνον (solltest).
2. Ind. aor. ohne ἄν mit ὀλίγου, μικροῦ, ὀλίγου ἐπελαθόμην *paene oblitus sum*, fast hätte ich v.
3. Ind. der Nebentemp. ohne ἄν beim unerfüllbaren Wunsch der Gegenwart: Εἴθ' ἦσθα δυνατὸς δρᾶν, ὅσον πρόθυμος εἶ.
   der Vergangenheit: Εἴθ' ηὑρόμεν σ', Ἄδμητε, μὴ λυπούμενον.
4. Ind. der Nebentemp. mit ἄν als Irrealis: ἔλεγον ἄν *dicerem*, würde sagen (sage aber nicht). (meist Impf. f. Gegenw., Aor. f. Vergangenh.) εἶπον ἄν *dixissem*, hätte gesagt (sagte aber nicht).
5. Ind. der Nebentemp. mit ἄν als Potentialis ᾤόττον ἢ ὥς τις ἂν ᾤετο (ᾠήθη) geglaubt hätte. der Vergangenheit (auch iterativ): ἔπαισεν ἄν schlug wohl manchmal zu.

Die Indikative der Nebentempora drücken also für die Vergangenheit drei Modusverhältnisse aus: die Wirklichkeit, die Nichtwirklichkeit und die Möglichkeit.

§ 170. Der Konjunktiv steht
adhortativ (1. Pers. — Neg. μή): Ἴωμεν, *eamus*: laßt uns gehen!
dubitativ (meist 1. Pers. — Neg. μή): τί ποιῶμεν; *quid faciamus?* was sollen wir tun?
prohibitiv (2., 3. Pers. Konj. Aor.): μὴ ποιήσῃς, *ne feceris*: tue nicht!

§ 171. Der Optativ drückt aus
ohne ἄν den erfüllb. Wunsch (μή): Ὦ παῖ, γένοιο πατρὸς εὐτυχέστερος, τὰ δ' ἄλλ' ὅμοιος, καὶ γένοι' ἂν οὐ κακός.
mit ἄν den Potentialis d. Geg. (οὐ): ἴσως ἄν τις εἴποι *forsitan dixerit quispiam*.

§ 172. Der Imperativ: s. oben S. 41, § 166.
Verbot in der 2. Person: μὴ ποίει oder μὴ ποιήσῃς.
in der 3. Person: μὴ ποιείτω (ποιησάτω) oder μὴ ποιήσῃ.

Repetitionstabellen (Modi im Nebensatz) 43

b) Die Modi im Nebensatz, abhängig

§ 173. Die Abhängigkeit kann nur nach einem Nebentempus (Tempus der Vergangenheit) im innerlich abhängigen Satz durch den Opt. ohne ἄν (Opt. obliquus) ausgedrückt werden.

Antizipation oder Prolepsis:

Δέδοικα δ' αὐτήν, μή τι βουλεύσῃ νέον.

§ 174 Subjekt- u. Objektsätze haben als

u. 175. Behauptungs- u. Fragesätze
 – nach Haupttpe. Modus der dir. Rede,
 – nach Nebentpe. meist Opt. (Neg. οὐ):

{ Λέγει, ὅτι ὑβριστής εἰμι.
{ Κῦρος ἔλεγεν, ὅτι ἡ ὁδὸς ἔσοιτο πρὸς βασιλέα μέγαν.

dubit. Fragesätze nach Hpttpe. Konj. (μή):
 nach Nbtps. Opt. (μή):

{ Συμβουλεύομεθά σοι, τί χρὴ ποιεῖν.
{ Ἐπηρέτο, εἰ ταῦτ' ἀληθῆ εἴη.

Begehrungssätze abh. von verbis timendi Konj. bez. (nach Nbtps.) Opt.:

{ Ὁρῶ σε ἀποροῦντα, ποίαν ὁδὸν τράπῃ.
{ Ὁ Θηβαῖος ἠπόρει, ὅ,τι χρήσαιτο τῷ πράγματι.

abh. von verbis curandi meist in d. fut.:

{ Δέδοικα, μὴ ἐπιλαθώμεθα τῆς οἴκαδε ὁδοῦ (ne).
{ Ἐφοβεῖτο, μὴ οὐ δύναιτο ἐξελθεῖν (ne non).

Σκεπτέον μοι δοκεῖ, ὅπως ὡς ἀσφαλέστατα μενοῦμεν.

§ 176. Kausalsatz mit objekt. u. subjekt. Grund:

Ἐθαύμαζον, ὅτι Κῦρος οὔτε ἄλλον πέμπει οὔτε αὐτὸς φαίνοιτο.

§ 177. Konsekutivsätze (ὥστε, ὡς) haben
 bei tatsächlicher Folge den Ind. (οὐ):
 bei bloß gedachter Folge den Inf. (μή):

Ἦν ψῦχος δεινόν, ὥστε τὸ ὕδωρ ἐπήγνυτο.
Ἔχω τριήρεις ὥστε ἑλεῖν τὸ ἐκείνων πλοῖον.

§ 178. Finalsätze (ἵνα, ὡς, ὅπως — μή) haben
 nach Hauptpe. den Konj.:
 nach Nebentpe. den Opt.:

Μὴ φθόνει τοῖς εὐτυχοῦσιν, μὴ δοκῇς εἶναι κακός.
Ταῦτ' εἰπὼν ἀνέστη, ἵνα περαίνοιτο τὰ δέοντα.

Repetitionstabellen (Modi im Nebensatz)

§ 179. Konditionalsätze (Neg. μή)
indefinit: für die Gegenwart
εἰ mit Ind. Präs. || Ind. Präs.:
für die Zukunft, entw.
εἰ mit Ind. Fut. || Ind. Fut.:
od. ἐάν mit Konj. || Ind. Fut.:

- εἰ βούλει, δύνασαι: *si vis, potes.*
- Εἰ θεοί τι δρῶσιν αἰσχρόν, οὐκ εἰσὶν θεοί.
- εἰ βουλήσῃ, δυνήσῃ: *si voles, poteris.*
- Εἰ μὴ καθέξεις γλῶσσαν, ἔσται σοι κακά.
- Ἐὰν βούλῃ (βουληθῇς), δυνήσῃ: *si voles (volueris), poteris.*
- Ἐὰν δ᾽ ἔχωμεν χρήμαθ᾽, ἕξομεν φίλους.
- Νέος ἂν πονήσῃς, γῆρας ἕξεις εὐθαλές.

§ 181. potential: εἰ mit Opt. || Opt. mit ἄν:

- εἰ βούλοιο, δύναιο ἄν: *si velis, possis.*
- Οὐκ ἂν φορητὸς εἴης, εἰ πράσσοις καλῶς.

§ 182. irreal: für die Gegenwart
εἰ mit Impf. || Imperf. mit ἄν:
für die Vergangenheit
εἰ mit ind. aor. || ind. aor. mit ἄν:
gemischt (Vergang. u. Gegenw.):

- εἰ ἐβούλου, ἐδύνασο ἄν: *si velles, posses* (sed non vis).
- Φῶς εἰ μὴ εἴχομεν, ὅμοιοι τοῖς τυφλοῖς ἂν ἦμεν.
- εἰ ἐβουλήθης, ἐδυνήθης ἄν: *si voluisses, potuisses* (sed-).
- Οὐκ ἂν ἐποίησα ταῦτα, εἰ μὴ οὐ ἐκέλευσας.
- Εἰ μὴ ὑμεῖς ἤλθετε, ἐπορευόμεθα ἂν ἐπὶ βασιλέα.

§ 184. Die drei Formen können auch unter einander gemischt werden:

- Δειξαιμι ἂν ταῦτα, εἴ τινα βούλεσθε συμπέμψαι.
- Οὐδέ, ἂν πολλαὶ γέφυραι ὦσιν, ἔχοιμεν ἄν, ὅποι σωθῶμεν.

§ 185. iterativ: „jedesmal wenn, so oft",
in der Gegenwart
ἐάν mit Konj. || Präs.:
in der Vergangenheit
εἰ mit Opt. || Impf.:

- ἐὰν βούλῃ (βουληθῇς), δύνασαι: *cum vis (voluisti), potes.*
- Ἢν ἐγγὺς ἔλθῃ θάνατος, οὐδεὶς βούλεται θνῄσκειν.
- εἰ βούλοιο (βουληθείης), ἐδύνασο: *cum volebas (volueras), poteras.*
- Ξενοφῶν εἴ πού τι ὁρῴη βρωτόν, διεδίδου.

§ 186. Konzessivsätze (εἰ καί, καὶ εἰ, ἐὰν καί, κἄν) sind Bedingungssätze (Neg. μή);
Sätze mit „obgleich": Part. (m. καί, καίπερ–οὐ):

- Κεἰ μὴ πέποιθα, τοὔργον ἔστ᾽ ἐργαστέον.
- Γελᾷ δ᾽ ὁ μῶρος, κἄν τι μὴ γελοῖον ᾖ.
- Εἰσῆλθετε ὑμεῖς καίπερ οὐ διδόντος τοῦ νόμου.

Repetitionstabellen (Modi im Nebensatz)

§ 187. Temporalsätze haben

bei Tatsachen der Verg. den Indikativ: Ἐπεὶ συνῆλθον, ἐκαθέζοντο.

bei Erwartetem den Konj. mit ἄν: Ἐπειδὰν ἅπαντα ἀκούσητε, κρίνατε.

als Iterativsätze der Geg. den Konj. mit ἄν: Μανθάνομεθα πάντες, ὁπόταν ὀργιζώμεθα } (wenn

als Iterativsätze der Verg. den Opt. ohne ἄν: Ἐθήρευεν, ὁπότε γυμνάσασθαι βούλοιτο } = so oft).

Auf πρίν folgt bei affirmativem Hauptsatz der Infinitiv: Διέβησαν πρὶν τοὺς ἄλλους ἀποκρίνασθαι.

bei negativem Hpts. ein vb. finitum, und zwar bei Tatsachen der Indikat.: Οὐκ ἀπέπλευσαν, πρὶν ἐξεπολιόρκησαν τὴν πόλιν.

bei Erwartetem der Konj. mit ἄν: Μὴ ἀπέλθητε, πρὶν ἂν ἀκούσητε (pr. audiveritis).

§ 188. Relativsätze stehen

konsekutiv mit dem ind., bes. fut. (οὐ): Παῖδές μοι οὔπω εἰσίν, οἵ με θεραπεύσουσιν (qui me colant).

final mit dem ind. fut. (μή): Ἡγεμόνα αἰτήσομεν, ὃς ἡμᾶς ἀπάξει (qui abducat).

Ἔδοξεν ἄνδρας ἑλέσθαι, οἳ τοὺς πατρίους νόμους συγγράψουσιν (conscriberent).

kondizional, a) indefinit, Geg.: Ἃ μὴ οἶδα, οὐδὲ οἴομαι εἰδέναι.

futurisch: Τῷ ἀνδρί, ὃν ἂν ἕλησθε, πείσομαι.

b) potential: Ὀκνοίην ἂν ἐμβαίνειν εἰς τὰ πλοῖα, ἃ δοίη.

c) irreal: Οἱ παῖδες ἂν ὑβρίζοντο, ὅσοι ἦσαν.

d) iterativ, Geg.: Νέος δ᾿ ἀπόλλυθ᾿, ὅντιν᾿ ἂν φιλῇ θεός.

Verg.: Σφοδρὸς ἦν Χαιρεφῶν, ἐφ᾿ ὅ,τι ὁρμήσειεν.

§ 189. Assimilation des Modus:

Εἴθε ἥκοις, ἵνα γνοίης.

Von den nominalen Verbalformen

§ 193. Das Subjekt des Infinitivs ist dasselbe wie das Subj. des reg. Verbums: Ἀδικεῖσθαι ὑφ' ἡμῶν νομίζει Κῦρος.
verschieden vom Subj. des reg. Verbums: Σωκράτης ἡγεῖτο θεοὺς πάντα εἰδέναι.
Prädikative Bestimmungen kongruieren mit ihrem Beziehungswort: Ἐρωτώμενος, ποδαπὸς εἴη, Πέρσης ἔφη εἶναι.
können auch im Akk. stehen: Νομίζω ὑμᾶς ἐμοὶ εἶναι καὶ φίλους καὶ συμμάχους.
   Ἔξεστιν ὑμῖν εὐδαίμοσι γενέσθαι, oder εὐδαίμονας γενέσθαι.

müssen im Akk. stehen bei fehl. Subjektsw.:   Δίκαιον εὖ πράττοντα μεμνῆσθαι θεοῦ (Subj. τινά).

§ 195. Der Infinitiv steht absolut: ὀλίγου, μικροῦ δεῖν – ἑκών, τὸ νῦν εἶναι –
   ὡς εἰπεῖν, ὡς ἔπος εἰπεῖν – ὡς ἐμοὶ δοκεῖν.

§ 196. Das Partizip steht attributiv u. substantiviert: οἱ παρόντες ἡγεμόνες, ὁ γραψάμενος τὸν Σωκράτη.
prädikativ, als Ergänzung eines verbalen Prädikats: Ἔφθησαν τοὺς Πέρσας ἀφικόμενοι εἰς τὴν πόλιν.
als part. coni.:   Ὁρῶμεν πάντα ἀληθῆ ὄντα, ἃ λέγετε.
im gen. absol.:   Οὐκ ἂν δύναιο μὴ καμὼν εὐδαιμονεῖν.
   Θεοῦ διδόντος οὐδὲν ἰσχύει φθόνος, καὶ μὴ διδόντος οὐδὲν ἰσχύει πόνος.

absolut, von Impersonalien (absoluter Akk.): |δέον, προσῆκον – δεδογμένον – ἄδηλον ὄν – |Κατακείμεθα, ὥσπερ ἐξὸν ἡσυχίαν ἄγειν.

§ 200. Inf. u. Part. mit ἄν stehen potent. od. irreal: Σὺν ὑμῖν ἂν οἶμαι τίμιος εἶναι.

§ 201. Beim Verbaladjektiv auf -τέος hebt persönl. Konstr. den Gegenstand,   Οἱ συμμαχεῖν ἐθέλοντες εὖ ποιητέοι.
unpers. Konstr. die Handlung hervor: Οἰστέον πᾶσι τὴν τύχην.

Die Negationen

§ 202. Οὐ verneint, μή wehrt ab; daher steht οὐ im Behauptungs-, μή im Begehrungssatz:

μή steht in allen bedingten Ausdrücken: und meist beim Infinitiv, außer bei reiner Behauptung:	Ἐγὼ θρασύς καὶ ἀναιδής οὔτ' εἰμὶ μήτε γενοίμην. ἃ μὴ οἶδα — ὁ μὴ δαρεὶς ἄνθρωπος οὐ παιδεύεται. Ὑπισχνοῦντο μηδὲν χαλεπὸν αὐτοὺς πείσεσθαι. Τολμῶσι λέγειν οὐδεμίαν μάχην γεγονέναι.
Negationen derselben Art verstärken sich: heben sich auf:	οὐκ ἐρεῖ οὐδεὶς οὐδέν Keiner wird etwas sagen. οὐδεὶς οὐκ ἀποθανεῖται Jeder wird sterben (*nemo non*).
Negationen verschiedener Art werden verbunden:	Τὸν ἄνδρ' ἐκεῖνον οὔ τι μὴ λίπω ποτέ. Τοὺς πονηροὺς οὐ μή ποτε βελτίους ποιήσετε.
οὐ μή mit coni. aor. od. ind. fut. } „gewiß nicht":	Ἐφοβεῖτο, μὴ οὐ δύνατο ἐξελθεῖν. Πᾶσιν αἰσχύνη ἦν μὴ οὐ συσπουδάζειν.
μὴ οὐ nach verba timendi = *ne non*, daß nicht: μὴ οὐ m. Inf. nach neg. Ausdrücken = nicht(zu):	
Für das Deutsche überflüssig steht οὐ beim verb. finit. nach leugnen usw.: μή beim Inf. nach nichtnegierten, μή οὐ b. Inf. nach negierten Ausdrücken des Hinderns, Ablassens, Leugnens:	οὐκ ἂν ἀρνηθεῖεν, ὡς οὐκ εἰσὶν τοιοῦτοι. ὁ φόβος τὸν νοῦν ἀπείργει μὴ λέγειν, ἃ βούλεται. {οὐκ ἄν ποτ' ἔσχον μὴ οὐ τάδ' ἐξειπεῖν πατρί. {οὐδεὶς ἀντεῖπε μὴ οὐ καλῶς ἔχειν τοὺς νόμους.

Außerdem erhältlich:

Adolf Kaegi

Kurzgefasste griechische Schulgrammatik
Unveränderte Neuaufl. 2008 VIII/230 S. Paperback.
ISBN 978-3-615-70100-5 € 19,80

Genehmigt für den Gebrauch an Schulen. Diese Neuausgabe ist das seit Jahrzehnten bewährte Lehrbuch von Kaegi – ein Werk, welches den anspruchsvollen Bedürfnissen des heutigen Unterrichts entspricht.

Walther Kranz

Vorsokratische Denker
Griechisch-Deutsch. Ausgewählt und herausgegeben von Walther Kranz. 4. Aufl. Dublin/Zürich 1974 (=Berlin 2. Aufl. 1949). 240 S. Leinen.
ISBN 978-3-615-14000-2 € 35,80

Diese Auswahl von dem überlieferten Gedankengut der ältesten hellenischen Philosophien ist besonders als Grundlage für philosophische Übungen und zum Selbststudium geeignet.

Hermann Diels

Die Fragmente der Vorsokratiker
3 Bände. Griechisch und Deutsch von Hermann Diels. Herausgegeben von Walther Kranz. Herausgegeben von Walther Kranz. 2004-2016 XII/1592 S. Leinen.

Band 1: Mit Nachtrag von Walther Kranz.
Unveränderte Neuaufl. Hildesheim 2004 (=Berlin 6. Aufl. 1951). XII/504 S. Leinen.
ISBN 978-3-615-12201-5 € 76,00

Band 2: Mit Nachtrag von Walther Kranz. Unveränderte Neuaufl. Hildesheim 2016
(=Berlin 6. Aufl. 1952, 1. Aufl. 1903). 428 S. Leinen. ISBN 978-3-615-12202-2 € 66,00

Band 3: 1. Wortindex von Walther Kranz. 2. Namen- und Stellenregister von
Hermann Diels, ergänzt von Walther Kranz. Unveränderte Neuaufl. Hildesheim 2015
(=Berlin 6. Aufl. 1952, 1. Aufl. 1910). 660 S. Leinen. ISBN 978-3-615-12203-9 € 88,00

Hermann Diels gab im Jahre 1903 die erste Auflage der Fragmentsammlung heraus, die seitdem zu den bedeutendsten Werken der klassischen Philologie gehört. Es sind in diesem Werk über vierhundert Namen vereinigt, die alle ihren Anteil an dem Blühen des griechischen Geisteslebens haben – die wenigen Großen und die unzähligen Kleinen. Allein die Beschäftigung mit den Originalurkunden ermöglicht ein eingehendes Studium der Entwicklung griechischen Denkens. Daher strebt diese Sammlung Vollständigkeit der eigentlichen Fragmente an, deren Übersetzung den Leser rasch in das Verständnis der Texte einführt.

WEIDMANN